Le Poème du Rhône

EN XII CHANTS

TEXTE PROVENÇAL ET TRADUCTION FRANÇAISE

PAR

FRÉDÉRIC MISTRAL

PARIS

ALPHONSE LEMERRE, ÉDITEUR

23-31, PASSAGE CHOISEUL, 23-31

—

M DCCC XCVII

Le Poème du Rhône

DU MÊME AUTEUR

MIREILLE. Un volume in-12 couronne, papier teinté, avec portrait de l'auteur gravé à l'eau-forte. . . . . . . 6 fr.

CALENDAL. Un volume in-12 couronne, papier teinté. . 6 fr.

LES ILES D'OR. Un volume in-12 couronne, papier teinté. 6 fr.

LA REINE JEANNE, tragédie provençale en cinq actes en vers. Un volume in-8° écu, papier vélin. . . . . . 6 fr.

Tous droits de reproduction et de traduction réservés pour tous les pays, y compris la Suède et la Norvège.

Le Poème du Rhône

EN XII CHANTS

TEXTE PROVENÇAL ET TRADUCTION FRANÇAISE

PAR

FRÉDÉRIC MISTRAL

PARIS

ALPHONSE LEMERRE, ÉDITEUR

23-31, PASSAGE CHOISEUL, 23-31

—

M DCCC XCVII

Lou Pouèmo dóu Rose

EN XII CANT

TÈSTE PROUVENÇAU E TRADUCIOUN FRANCESO

PÈR

FREDERI MISTRAL

Le Poème du Rhône

EN XII CHANTS

TEXTE PROVENÇAL ET TRADUCTION FRANÇAISE

PAR

FRÉDÉRIC MISTRAL

Lou Pouèmo dóu Rose

CANT PROUMIÉ

PATROUN APIAN

I

Van parti de Lioun à la primo aubo
Li veiturin que règnon sus lou Rose.
Es uno raço d'ome caloussudo,
Galoio e bravo, li Coundriéulen. Sèmpre
Planta sus li radèu e li sapino,
L'uscle dóu jour e lou rebat de l'aigo
Ié dauron lou carage coume un brounze.
Mai d'aquéu tèms encaro mai, vous dise,

Le Poème du Rhône

CHANT PREMIER

PATRON APIAN

I

Dès la prime aube, vont partir de Lyon
les voiturins qui règnent sur le Rhône.
C'est une race d'hommes robustement musclée,
gaillarde et brave, les Condrillots. Toujours
debout sur les radeaux et les sapines,
le hâle du soleil et le reflet de l'eau
leur dorent le visage comme un bronze.
Mais en ce temps, vous dis-je, plus encore

*Ié vesias d'oumenas à barbo espesso,
Grand, courpourènt, clapu tau que de chaine,
Boulegant un saumié coume uno busco,
De poupo à pro cridant, jurant de-longo
E largamen, pèr se baia courage,
Au poutarras pintant la roujo tencho,
A bèu taioun tirant la car de l'oulo.
De-long dòu flume èro uno bramadisso
Que d'auro en auro entendias de-countùni:
« Pro vers la baisso, hòu! reiaume! empèri!
Amount la pro! dau! fa tira la maio! »*

II

*Ero Coundriéu soun nis, ounte s'amodon
De noste vènt-terrau li proumié boufe.
Sant Micoulau, patroun de la marino,
A dins Coundriéu soun autar, sa capello.
En capo d'or e mitro fourcarudo
Lou benurous, em'uno tino contro
Que ié vesès testeja li tres moussi
Escapoula de l'orro saladuro,
Estènd sa man sus tout ço que navego.
Tóuti lis an, aqui ié fan sa fèsto;
E li marin, sus lis espalo, digne,
En proucessioun ié porton uno barco;
E quand au Rose un negadis brassejo:*

on y voyait des colosses à barbe épaisse,
grands, corpulents, membrus, tels que des chênes,
remuant une poutre comme on fait d'un fétu,
de la poupe à la proue criant, jurant sans cesse
et largement, pour se donner courage,
au pot énorme humant le rouge piot,
tirant à beaux lopins la chair de la marmite.
C'était le long du fleuve une haute clameur
que du nord au midi on entendait sans trêve :
« Proue en aval, ho! royaume! empire¹!
Amont la proue! sus! fais tirer la *maille*²! »

II

Leur nid était Condrieu, où se meuvent
les premiers souffles de notre Vent-Terral³.
Saint Nicolas, patron de la marine,
a dans Condrieu son autel, sa chapelle.
En chape d'or et en mitre fourchue
le bienheureux, ayant près de lui la cuve
d'où l'on voit émerger les têtes des trois mousses
réchappés sains et saufs de l'horrible saumure,
étend sa main sur tout ce qui navigue.
Là, tous les ans, on célèbre sa fête;
et les marins, sur les épaules, dignes,
en procession y portent une barque;
et lorsque au Rhône un noyé se débat :

« *Au grand sant Micoulau, ié cridon tóuti,*
Arrecoumando-te, mai nado ferme! »
De Vernesoun, de Givors an bèu dire:
Renoumena pertout, de mudo en mudo,
Coundriéu en aquéu tèms èro la maire
Di grand patroun de Rose. Li basòfi
Di port de Vieno o de la Mulatiero
E li Canut flaugnard de la Crous-Rousso
Avien bèu ié crida « quiéu de pèu! » *Éli,*
Bèn que pourtant li braio de basano,
Fasien ana si dono emai si fiho
Coussudo e fièro autant coume bourgeso.
Femo de bon, li Coundriéulenco bello,
Is amourié quand vai greia la fueio,
Dins la michour de sa peitrino forto
Metien couva de si magnan la grano;
En dentelino e pouncheto flourido
Pèr passo-tèms broudavon pièi la tulo;
A pichot poun tambèn sabien trepougne
La pèu di gant e, bòni nourriguiero,
Tóuti lis an fasien un chat superbe.

III

O tèms di vièi, d'antico bouncumìo,
Que lis oustau avien ges de sarraio
E que li gènt, à Coundriéu coume au nostre,
Se gatihavon, au calèu, pèr rire!

« Au grand saint Nicolas, tout le monde lui crie,
recommande-toi bien ; mais nage ferme ! »
De Vernaison, de Givors, que parle-t-on ?
Épandant son renom sur tout le cours du fleuve,
Condrieu en ce temps était la mère
des grands patrons du Rhône. Les belîtres
des ports de Vienne ou de la Mulatière
et les Canuts falots de la Croix-Rousse
avaient beau leur crier : « culs de peau ! » Eux,
bien que portant la culotte de cuir,
faisaient aller leurs dames et leurs filles
cossues et braves autant comme bourgeoises.
Maîtresses femmes, les belles Condrillotes,
aussitôt que bourgeonne la feuille des mûriers,
dans la bonne chaleur de leur poitrine forte
mettaient la graine des vers à soie couver ;
puis en dentelle fine et piqûre fleurie,
par passe-temps, elles brodaient le tulle ;
elles savaient aussi piquer à petits points
la peau des gants et, vaillantes nourrices,
faisaient un gars superbe chaque année.

III

O temps des vieux, d'antique bonhomie
où les maisons n'avaient point de serrure
et où les gens, à Condrieu comme chez nous,
se taquinaient pour rire, sous la lampe !

Èro lou règno, aqui, di farandoulo,
La naciounalo danso roudanenco
E dóu reiaume ancian di Bousounido
Que, de Coundriéu à-n-Arle, i jour de voto,
Di viravòut dóu Rose imitarello,
Ersejo e fai la serp au long di dougo.
Aqui drihavo, alor, la noblo justo
Que, tóuti li dimenche, sus lou Rose,
Li ribeiròu se desfieirant pèr troupo
Ié luchavon l'estiéu, la targo au pitre,
La lanço au poung, l'artèu sus la quintaino,
Ounte li drole nus se fasien vèire
Valènt e fort is iue di bèlli chato,
Ounte li cadelas de Sant-Maurise
Emé li Givoursin s'apountelavon...
O tèms di vièi, tèms gai, tèms de simplesso,
Qu'èro lou Rose un revoulun de vido
Ounte venian, enfant, sus l'aigo longo
Vèire passa, fièr, li man à l'empento,
Li Coundriéulen! Lou Rose, gràci à-n-éli,
Èro un grand brusc plen de vounvoun e d'obro.
Tout acò vuei es mort e mut e vaste
E, las! d'aquéu varai tout ço que rèsto
Es lou traçan e la rousigaduro
Que la maio a cava contro li pèiro.
Un fretadis, acò 's tout ço que soubro
D'un barcarés qu'avié pèr crid: Empèri!
Mai lou trafé di càrri de vitòri
Sus li camin roumiéu noun laisso en visto
Mai de rambuei ni mai d'escavaduro.

C'était le règne, là, des farandoles,
la danse nationale rhodanienne
et du royaume ancien des Bosonides,
qui, d'Arles à Condrieu, aux jours de fête,
imitatrice du Rhône en ses détours,
ondoie, serpente le long de ses berges.
Là florissait alors la noble joute
en laquelle, tous les dimanches, sur le Rhône,
les riverains, se divisant par groupes,
l'été, luttaient ensemble, la targe au poitrail,
la lance au poing, l'orteil sur l'échelette ;
où les garçons se montraient nus,
vaillants et forts, aux yeux des belles filles ;
où les jeunes mâtins de Saint-Maurice
s'accotaient, s'aheurtaient avec ceux de Givors...
O temps des vieux, temps gai, temps de simplesse,
où sur le Rhône tourbillonnait la vie,
où nous venions, enfants, voir sur l'eau longue,
voir passer fiers, les mains au gouvernail,
les Condrillots ! Le Rhône, grâce à eux,
fut une ruche énorme, pleine de bruit et d'œuvre.
Tout cela aujourd'hui est mort, muet et vaste,
et de ce mouvement, hélas ! tout ce qui reste,
c'est la trace rongée, c'est le sillon
que le câble a creusé contre les pierres.
Oui, un frottis, c'est tout ce qui subsiste
d'une navigation qui eut pour cri : Empire !
Mais des chars de triomphe le passage
ne laisse point visibles sur les voies romaines
plus de vestiges ni plus d'excavation.

IV

*Ah! pèr sant Micoulau, quand s'encantavo
Lou Reinage, au pourtegue de la glèiso,
Cresès que n'èro un flame de triounfle
Pèr aquéu qu'èro Rèi de la Marino?
E cresès que n'i' aguèsse un de rebòbi
Pèr abéura la glòri dóu Reinage?
Li brout de biòu emé sa graisso mouflo
E li dindard e lis auco poupudo,
Li cambajoun estuba, li caieto
D'erbo chaplado e cuecho au four, bèn imo,
Li bòni pougno enredounido en tourto,
Pastado au burre emé d'iòu, li rigoto
Poulidamen plegado emé de pampo,
E lou vin blanc de païs que petejo,
Avien de tout, en aquéu jour, soun rule!
N'èro-ti pas entre-mitan d'aquéli
Baus fèr, Roco de Glun o Roco-Mauro,
Que Gargantian regnavo e que, ço dison,
Escambarlant lou Rose pèr ié béure,
Emé sa man en guiso d'escudello
Engoulissié li barco emai lis ome!
A Pèiro-Lato mostron la graviho
Que lou gigant truguè de sa sabato:
Un bèu roucas, tanca dins la planuro.*

IV

A la Saint-Nicolas, lorsque à l'encan
on mettait le Reinage [4], au porche de l'église,
n'en était-ce pas un, et flambant, de triomphe
pour celui qui était le Roi de la marine!
Et croyez-vous que l'on y fit bombance
pour arroser la gloire du Reinage?
Poitrails de bœuf à graisse potelée,
les oies dodues et les coqs d'Inde,
et les jambons fumés et les *caillettes* [5]
d'herbes hachées, cuites au four, bien onctueuses,
et arrondies en tourte, les savoureuses *pognes* [6]
pétries au beurre avec des œufs, et les *rigottes* [7]
joliment pliées dans des feuilles de vigne,
et le vin blanc de pays — qui pétille,
ils avaient, en ce jour, tout à satiété!
N'était-ce pas, en effet, entre ces
sauvages falaises, Roche de Glun ou Roche-Maure,
que Gargantua régnait et que, dit-on,
pour y boire enjambant le Rhône,
avec sa main en manière d'écuelle
il avalait ensemble les barques et les hommes!
On montre encore le gravier, à Pierrelatte,
que le géant tira de son soulier:
un beau rocher, planté au milieu de la plaine.

V

Or, aquel an d'aqui, fèsto còulènto,
Aguènt Patroun Apian agu li joio
E dóu Reinage encapa la courouno,
Li bachelar de Coundriéu en riqueto
Avien touto la niue pourta de brinde
Au rèi nouvèu e, segound la coustumo,
Après lou brinde, en l'èr jita si vèire.
Car Mèste Apian, éu, avié l'equipage
Lou plus famous de touto la ribiero.
Calafatado emé de flo d'estoupo
Que retenien li tèsto di senepo,
De pego negro en foro enquitranado,
l' apartenien, cuberto o noun cuberto,
Sèt bòni barco entaiado à la bruto :
Lou Caburle d'abord, emé soun tèume
D'à poupo encastela — qu'aqui-dessouto
Cadun la niue ié dourmié dins soun cadre.
Emé sa pro taiudo, enourguïdo
Pèr l'esperoun de soun escasso forto ;
Piéi la pinello o barco civadiero
Que di chivau pourtavo la pasturo ;
Piéi à l'après lou batéu de carato,
Coume lis autre en varenglo de roure ;
Piéi uno sisselando touto cloto,

V

Or, en cette année-là, pendant la fête,
ayant Patron Apian eu la victoire
et de la royauté ceint la couronne,
les jeunes gens de Condrieu en frairie
avaient toute la nuit porté des brindes
au roi nouveau et, selon la coutume,
après le brinde, jeté en l'air leurs verres.
Car Maître Apian, lui, avait l'équipage
le plus fameux de toute la rivière.
Calfatées de flocons d'étoupe
que retenaient les têtes des crampons,
et de poix noire goudronnées en dehors,
il possédait, pontées ou non pontées,
sept bonnes barques construites en bois brut :
le Caburle[8] d'abord, avec sa cabine
qui s'élevait en poupe, sous laquelle
chacun la nuit dormait dans son hamac;
avec sa proue taillante, enorgueillie
par l'éperon de son étrave forte;
puis la *penelle* ou barque *civadière*,
qui portait la pâture des chevaux;
puis à la suite le *bateau de carate*,
bâti comme les autres en varangues de rouvre;
puis une *sisselande* toute plate,

Courbudo sus l'avans, carrado en rèire;
Dos gràndi savouiardo pèr adurre
Li carboun de Givors e 'no sapino
Pèr carga li castagno vivareso.
Sènso coumta dous coursié vo chaloupo,
De la filado amarra sus li costo,
Pèr embarca li gros chivau de viage
Que sus la dougo, au retour de Prouvènço,
Gaiardamen remountavon la rigo.
Patroun Apian avié pèr la remounto
Vuetanto bèu chivau à co rougnado
Que n'i'avié pas si parié sus lou Rose
E qu'en tirant la maio e la veituro,
I cop de fouit dòu baile de la troupo
E i tron de Diéu di carretié menèbre,
Fasien dòu flume estrementi la ribo.

VI

Tenènt si mino, à la pro dòu Caburle
Sant Micoulau avié, facho à la grosso,
Sa tèsto emé la mitro. Mai, en poupo
E plantado au gouvèr de la grand barco;
S'aubouravo la crous de la capello,
La crous di marinié, tencho de rouge,
Que Mèste Apian, un an que dòu gelibre
Lis aigo tout l'ivèr fuguèron presso,

convexe sur l'avant, carrée sur l'arrière;
deux grandes *savoyardes* à transporter
les houilles de Givors et une *sapine*
pour charger les châtaignes vivaraises.
Sans compter deux *coursiers* ou chaloupes,
amarrés sur les flancs de la flottille,
pour embarquer les gros chevaux haleurs
qui, sur la berge, au retour de Provence,
gaillardement remontaient le convoi.
Patron Apian avait pour la remonte
quatre-vingts beaux chevaux à queue rognée
qui n'avaient pas leurs pareils sur le Rhône
et qui, en remorquant la *maille* et la *voiture*,
aux coups de fouet du *baile* du halage,
et aux jurons des charretiers brutaux
faisaient trembler le bord du fleuve.

VI

Tenant son sérieux, à la proue du Caburle,
saint Nicolas avait, grossièrement sculptée,
sa tête avec la mitre. Mais en poupe,
plantée au gouvernail de la grand'barque,
s'élevait la croix de la *chapelle*,
la croix des mariniers, teinte en rouge,
que Maître Apian, un an où par la glace
les eaux restèrent prises tout l'hiver,

Èu l'avié fustejado à la picosso.
A l'entour de la crous ié vesias tóuti
Lis estrumen de la Passioun : la lanço
Emé l'espoungo, l'òsti e lou calice,
La raubo d'escarlato, la lanterno,
Lou martèu, li clavèu, lis estenaio,
La santo fàci, lou cor, la couloumbo,
Lou fèu, lou fouit, lou sant pieloun, la boso,
Lou glàsi nus, lou mort que ressuscito,
La bono Maire e sant Jan, l'escaleto,
Lou gantelet, li got, li dat, la bourso,
Lou serpatas, lou sant soulèu, la luno,
Emé lou gau qu'en subre ié cantavo.

VII

E canto, gau! l'aubeto vèn de pougne.
Pèr desmarra, zóu tóuti! s'apareion
Li veiturin que van à la desciso.
En cargo pèr la fiero de Bèu-Caire,
I' a cènt batèu que vuei soun de partènço.
Tè tu! tè iéu! s'agis pèr quau que fugue
De gagna lou mòutoun : qu'au prat de fiero
Lou proumié bastimen, lahut o barco,
Nègo-roumiéu di costo barbaresco
O rato-malo aguènt soun nòli en règlo,
Au prat de fiero lou proumié qu'arribo

avait lui-même charpentée à la hache.
A l'entour de la croix on voyait tous
les instruments de la Passion : la lance
avec l'éponge, l'hostie et le calice,
la robe d'écarlate, la lanterne,
le marteau, les clous, les tenailles,
la sainte face, le cœur, la colombe,
le fiel, le fouet, la colonne, le roseau,
le glaive nu, le mort qui ressuscite,
la bonne Mère et saint Jean, l'échelette,
le gantelet, les dés, les gobelets, la bourse,
le grand serpent, le saint soleil, la lune,
avec le coq en dessus — qui chantait.

VII

Et chante, coq ! l'aubette vient de poindre.
Pour démarrer, allons tous ! appareillent
les voiturins qui vont à la descise[10].
En charge pour la foire de Beaucaire,
il y a cent bateaux, ce jour, sur le départ.
A toi ! à moi ! il s'agit pour chacun
de gagner le mouton : car, au pré de la foire,
le premier bâtiment, tartane ou barque,
ou galéasse des côtes barbaresques,
ou vieille coque ayant en règle son nolis,
au pré de foire le premier qui arrive

E tiro lou canoun, pèr bèn-vengudo
Li Bèu-Cairen ié baion un bèu mòti.
Despachatièu, en aio, fourro-bourro,
Li porto-fais, li barcatié, carrejon,
Estivon, amoulounon, fan guihèume.
Li trepadou cracinon; li fieraire
Fan sis adièu à si gènt, à si dono :
— Çai sian ? — Çai sian. — Li maje, dins lou fube.
Van destaca dis arganèu de ferre
Cadun si nau e, plan, fasènt lou signe
De la crous en levant soun capèu large,
Lou bras en l'èr, Mèste Apian subre tóuti :
— Au noum de Diéu e de la santo Vierge,
A Rose! — crido. Sa voues, que retrono
Dins la liunchour neblouso, entre li ribo
Dóu flume liounés s'es entendudo.
Em' éu lis ome, closco descuberto,
Se soun signa, trempant lou det dins l'oundo
D'aquéu grand signadou, que, chasco annado,
En bello proucessioun, es la coustumo,
Au Pont Sant-Esperit lou benesisson.
Lis ome, dur, emé lis espaieto
Contro lou quèi ensemblamen fan forço.
Patroun Apian éu-meme sus la poupo
Es au gouvèr que douno l'endrechiero.
A de long péu en cadeneto griso
Que sus li tempe entrena ié retoumbon
Emé dous grand tourtis d'or que ié pènjon
A sis auriho. Es aut de fourcaduro
E, de sis iue lusènt sus chasco barco

et tire le canon — reçoit, pour bienvenue
des Beaucairois, un beau mouton!
En hâte et en émoi et pêle-mêle,
les portefaix, les nautoniers charrient,
arrangent, amoncellent, font la chaîne.
Les pontons craquent; les marchands
font leurs adieux à leurs gens, à leurs femmes:
« Y sommes-nous? — Ça y est. » Dans le fouillis les maître
vont détacher des organeaux de fer
chacun leurs nefs et, lentement faisant le signe
de la croix en soulevant son chapeau large,
le bras en l'air, Maître Apian entre tous:
« Au nom de Dieu et de la sainte Vierge,
au Rhône! » s'écrie-t-il. Sa voix, retentissante
dans le lointain brumeux, entre les rives
du fleuve lyonnais s'est entendue.
Les hommes avec lui, la tête découverte,
se sont signés, trempant le doigt dans l'onde
de ce grand bénitier que, chaque année,
en belle procession, c'est la coutume,
on va bénir sous le Pont Saint-Esprit.
Les hommes, rudement, avec les avirons
contre le quai forcent ensemble.
Patron Apian lui-même, sur la poupe,
est à la barre donnant la direction.
Il a de longs cheveux en cadenettes grises
qui lui retombent tressés sur les tempes,
et deux grands anneaux d'or qui pendent
à ses oreilles. Il est haut d'enfourchure
et, de ses yeux luisants, sur chaque barque,

Dóu tèms que vèi se tout marcho dins l'ordre,
De l'uno à l'autro, estacado à la filo
Pèr la calaumo unenco e loungarudo,
En escatant dins lou gourgoui de l'aigo
Tóuti li barco à-de-rèng s'entrahinon.

VIII

Souto li tibanèu de telo cruso
Que s'entrianglon en esquino d'ase,
Li passagiè, li balot, li pòusito
De touto coundicioun e touto merço,
Li sedariè de Lioun, ufanouso,
Li rol de cuer, li matau de canebe,
Tout bèn cerni, tout pourta bèn en comte
Pèr l'escrivan i letro de veituro,
E tóuti li proudu que s'engivanon
Dóu coustat d'aut, aqui jaison à poufe.
Mai cuerb lou Rose un sagarés de nèblo :
Li couparias em' un coutèu. Amagon
Lou ribeirés, tout, à perdo de visto.
Couneirias plus lou puget de Fourviero
Emé sa glèiso amoundaut que fai pouncho.
E lou segren qu'adus la despartido
N'es que plus grèu : eilalin a la baisso,
I canau de Bèu-Caire e d'Aigo-Morto,
Pèr carga li bladeto de Toulouso,

pendant qu'il voit si tout marche dans l'ordre,
de l'une à l'autre, attachées à la file
par le long câble qui les réunit toutes,
en dérivant au gargouillis de l'eau,
toutes les barques à la suite s'entraînent.

VIII

Sous les bannes de toile écrue,
s'élevant en triangle et en dos d'âne,
les passagers, les ballots, les denrées
de toute condition, de toute sorte,
les soieries de Lyon, magnifiques,
les cuirs roulés et les bottes de chanvre,
tout bien rangé, tout bien enregistré
par l'écrivain aux lettres de voiture,
avec tous les produits que l'industrie
fabrique dans le Nord, gisent à profusion.
Mais un brouillard épais couvre le Rhône,
à couper au couteau ! Il cache
le rivage en entier et à perte de vue.
On ne distingue plus le coupeau de Fourvière
avec l'église qui pointe à son sommet.
Et la mélancolie qu'amène le départ
n'en est que plus griève : là-bas, dans le Midi,
aux canaux de Beaucaire et d'Aigues-Mortes,
pour y charger les blés fins de Toulouse,

Li vin dóu Lengadò, la sau de muro,
Quau saup quant restaran liuen de si femo,
De si pichot! tres mes o belèu quatre.
Grand gau encaro se, quand se retourno,
Un cop subit d'Ardecho o de Durènço
O quauco gardounado enferounido
Noun vèn gounfla, faire peta lou Rose
E qu'emé li chivau de l'equipage
Noun faugue pas, dins lou patoui di terro,
Arpateja, s'enfanga jusquo au pitre!
E lou mistrau, quand rounflo de mesado
E que li barco tèsto-aqui recoto!
E, chanjadis, lis auve que s'escoundon
E vous engravon, bròu! à l'imprevisto;
O la sequiero emé lis aigo basso
Que, tout l'estiéu, en bando sus l'areno
Retèn à paus li nau escladenido!

IX

Atenciouna, lou prouvié, lou mudaire
Van de-tastoun, escandaiant li mueio,
Que li batèu en quauco graveliero
Noun vagon s'encala. Dins l'oundo escuro
Jan Rocho lou prouvié trais la pagello,
Longo barro de sause qu'an pelado
En ié soubrant quàuquis anèu de rusco

les vins du Languedoc, le sel marin,
combien resteront-ils, loin de leurs femmes,
de leurs petiots? trois mois, peut-être quatre...
Et fort heureux encore si, au retour,
un coup subit d'Ardèche ou de Durance,
ou quelque crue farouche du Gardon,
ne vient pas faire enfler, faire crever le Rhône,
et qu'avec les chevaux de l'équipage
point il ne faille, dans les champs détrempés,
patauger, s'embourber jusqu'au poitrail !
Et quand, des mois entiers, le mistral ronfle
et qu'opiniâtre il arrête les barques !
Et les graviers mouvants que l'eau recèle
et qui à l'improviste vous engravent;
ou bien la sécheresse avec les basses eaux
qui, tout l'été, échouées sur le sable,
retient dans l'inaction les nefs disjointes!

IX

Circonspects, le prouvier¹¹, le pilote
vont à tâtons, sondant les mouilles¹² :
que les bateaux en quelque maigre¹³
n'aillent point s'enlizer. Dans l'onde obscure
Jean Roche le prouvier jette la sonde,
longue perche de saule qu'on pela
en y laissant quelques anneaux d'écorce

Marcant de liuen en liuen se l'aigo es founso :
— Pan just! pan qu'à dous det! — Pèiro-Benido,
Ajudo lèu, senoun la barco toco!
— Pan larg! — Anen, sian à la bono routo.
— Pan cubert! pan e mié! — Li barquejaire
Molon sus lou gouvèr, lachon l'empento.
— La soubeirano! — Bon! tout acò crido.
— Cato la man! — E vogo à la seguro...
Se descabedelant de lono en lono,
Au menamen de la grand barco mèstro
Que vai davans, prudènto e majestouso,
La tirassiero emé si tèndo blanco,
Seguènt lou briéu de l'aigo que la porto,
A pres lou bon camin. Vers la capello
E dre sus lou pountin, la tèsto nuso,
Adounc Patroun Apian em'un grand signe
De crous, à-z-auto voues — qu'ausisson tóuti
Lou capèu à la man, — éu entameno
La prègo dóu matin : O noste paire
Que siés au cèu, toun noum se santifique!
Vèn coume acò. Lis ome fan l'escouto
D'ageinouioun o bèn la tèsto clino.
Lou sagarés blanquinous lis emborgno,
Atapant li mountagno e li broutiero
Que tout-de-long acoumpagnon lou flume ;
E podon ié coumta sus l'embourgnado
Jusquo à Givors e belèu jusquo à Vieno.
Éu countuniant : Toun règne nous avèngue!
Dis, adavau ta voulounta se fague
Coume adamount! Lou pan quoutidian nostre

marquant de loin en loin la profondeur de l'eau :
— *Pan juste! pan qu'à deux doigts*[14]*!* — « A l'aide,
Pierre-Bénite[15], sinon la barque touche! »
— *Pan large!* — « Allons, voici la bonne route. »
— *Pan couvert! pan et demi!* — Les bateliers
cèdent au gouvernail, lâchent la barre.
— *La souveraine!* — « Bon! » tout le monde crie.
— *La main sous l'eau!* — Et vogue en sûreté...
Se dévidant de lone en lone[16]
sous l'impulsion de la barque maîtresse
qui va devant, prudente, qui va majestueuse,
la traînerie avec ses blanches tentes,
à vau-l'eau du courant rapide qui la porte,
a pris le bon chemin. Vers la « chapelle »
et droit sur le tillac, la tête nue,
Patron Apian, avec un grand signe de croix,
à haute voix — que tous entendent
le chapeau à la main, entame alors
la prière du matin : *O notre père*
qui es au ciel, que ton nom se sanctifie!
dit-il. Les hommes se sont tus,
agenouillés ou inclinant la tête.
L'épais brouillard blanchâtre les aveugle,
dérobant les montagnes et les « brotteaux »[17]
qui tout le long accompagnent le fleuve;
et ils en sont bien sûrs, d'aller à l'aveuglette
jusqu'à Givors, peut-être jusqu'à Vienne.
Mais lui, continuant : *Ton règne nous advienne!*
dit-il, *et qu'en aval ta volonté se fasse*
comme en amont! Notre pain quotidien,

Dis, vuei porge-nous-lou! De nòsti dèute
Fai nous la remessioun, coume nous-àutri
En quau nous es devènt, *dis,* fasèn quite...
— *Hòu! Toco-biòu! pièi se coupant bramavo,
Capounas de pas Diéu! dormes, fulobro!
Aquéli chivalas, amount, li veses
Que dintre si cabestre s'estrangulon?...
Un batafiéu que vous cenglèsse tóuti!* —
E reprenènt : De tentacioun nous gardes!
E tiro-nous dóu malan! Ansin siegue!

X

— *Ha! mis enfant, sus l'aigo grouadisso,
Apoundié pièi lou patroun dóu Caburle,
Nàutri, que sian? Lou vesès, sian la jogo
Dóu neblarès, di ro qu'avèn dessouto,
E di charneve ounte anan faire sueio...
Eh! quau pòu saupre li malemparado?
Quau vòu aprene à prega, que navegue!
E n'es un bèu, d'eisèmple, aquel estùrti
Qu'en milo-vue-cènt-trento, à la desciso,
Tirè 'n cop de fusiéu, lou miserable,
Au grand sant Crist que i'a dins l'óuratòri
Dóu castelas d'Ampuis, contro la dougo...
O, i'esclapè lou bras. Mai sa pinello,
D'aquéu marrit coula, dins quàuqui mudo,*

dit-il, *donne-le-nous ce jourd'hui! De nos dettes*
fais-nous la rémission, dit-il, *comme nous autres*
les remettons à ceux qui nous redoivent...
Parfois s'interrompant : — « Toquebœuf! braillait-il,
grand capon de pas Dieu, tu dors, eh! fainéant?
Ces malheureux chevaux, en amont, les vois-tu
qui s'étranglent dans leurs chevêtres?...
Une garcette qui vous cinglât tous! » —
Et reprenant : *De tentation garde-nous!*
Et tire-nous du mal-être! Ainsi soit-il!

X

— « Ha! mes enfants, sur l'eau grouillante,
nous, ajoutait ensuite le patron du Caburle,
que sommes-nous? Vous le voyez, nous sommes
le jouet du brouillard, des rocs qu'on a dessous,
et des grèves où l'on va quelquefois échouer...
Eh! qui donc peut savoir les hasards imprévus?
Qui veut apprendre à prier, qu'il navigue!
C'en est un beau, d'exemple, l'insensé
qui, descendant le Rhône, en l'an mil huit cent trente,
tira, le misérable, un coup de fusil
au grand saint Christ qu'on voit dans l'oratoire
du vieux château d'Ampuis, contre la berge...
Il lui brisa le bras, oui. Mais sa penelle,
au mauvais chenapan, dans quelques traites [18],

Au Pont Sant-Esperit faguè d'esclapo...
Em'èu que faguè 'n trau dins l'aigo glouto! —
Lou Caburle enterin, la prègo dicho,
Veniè d'intra couchous à l'archipèlo
De la Grand Cabro, entre-coupa de vorge.

alla contre le Pont Saint-Esprit se briser...
avec lui — qui dans l'eau gloutonne fit un trou ! »
Le Caburle, entre temps, la prière achevée,
venait de se ruer dans l'archipel
de la Grand'Chèvre, entrecoupé de saules.

CANT SEGOUND

LOU PRINCE D'AURENJO

XI

— *Pico au reiaume, hòu! uno voues crido.*
— *Ié sian! ié sian!* — *Sus lou gouvèr fan aigre*
E lou prouvié mando lou cau en terro.
Es Vernesoun. — *Amarro! Entre que tocon,*
Un blound jouvènt, aqui, parèis tout-d'uno
Que, lóugeiret, sus la grand barco mounto...
Quau es aquéu? Es lou prince d'Aurenjo,
Lou maje fiéu, se dis, dóu rèi d'Oulando.
E de tout biais li lengo presumisson,
Afourtissènt, lis un, qu'es un levènti,
Qu'es un arquin, qu'es uno tèsto routo
E 'n se brouiant emé lou rèi soun paire,
Qu'éu es parti pèr courre l'aventuro,
La vau-coundriéu emé la patantèino

CHANT DEUXIÈME

LE PRINCE D'ORANGE

XI

— « Pousse au royaume, ho! » crie une voix.
— « Nous y sommes! voilà! » On appuie au timon
et le prouvier jette le câble à terre.
C'est Vernaison. — « Amarre! » Dès qu'on touche,
apparaît tout d'un coup, là, un jeune homme blond
qui, dégagé, monte sur la grand'barque...
Et quel est-il? C'est le prince d'Orange,
le fils aîné, dit-on, du roi de Hollande.
Et de toute façon les langues conjecturent :
et pour les uns ce n'est qu'un éventé,
qu'un drille, assurent-ils, qu'une tête fêlée,
qui, se brouillant avec le roi son père,
a dû partir pour courre l'aventure,
le guilledou, la pretentaine,

A travès de päis. Segound lis autre,
S'es afisca tant e tant sus li libre,
S'es óupila talamen à l'estùdi
Que n'es toumba, pauroun, dins la marrano,
Coume un enfant que manjarié de cèndre;
E l'an manda, li mège, vers lou Rose,
Béure lou bon soulèu que reviscoulo
E l'alen vièu dóu rufe Manjo-fango.

XII

De soun reiaume ubagous e palustre
Ounte lou Ren dins li brumo se nègo,
Èu, quauque jour, se la santa ié tourno,
Encenchara la courouno de glaujo.
Mai risco rèn, pèr vuei, que se languigue
De prene en cargo lou gouvèr dis ome,
Ajustiga coume es, avans de i'èstre,
De tout lou tressimàci qu'acò meno,
Dóu magagnun de court, di ceremòni,
E dóu charpin que vous ié manjo l'amo.
Uno foulié d'amour s'es mes en tèsto,
Farfantello de prince pantaiaire;
S'es mes en tèsto d'atrouva pèr orto
L'espelimen de la Naiado antico
E la flour d'aigo espandido sus l'oundo
Ounte la Ninfo es amagado e nuso,

à travers le pays. Selon les autres,
il s'est opiniâtré tant et tant sur les livres,
il s'est acoquiné tellement à l'étude
qu'il en est, le pauvret, tombé en chartre,
comme un enfant qui mange de la cendre;
et vers le Rhône les médecins l'ont envoyé
boire le bon soleil qui ravigote,
boire le souffle vif du rude Maëstral[1].

XII

De son royaume ombreux, paludéen,
où le Rhin se noie dans les brumes,
lui, quelque jour, s'il revient en santé,
ceindra la couronne d'iris.
Mais il s'en faut, pour l'heure, qu'il lui tarde
de prendre en charge le gouvernail des hommes,
dégoûté comme il est, avant d'y être,
de toutes les intrigues qu'il comporte,
des manœuvres de cour, et des cérémonies,
et de l'ennui qui vous y mange l'âme.
Et il s'est mis en tête une folie d'amour,
lubie de prince imaginatif, rêveur;
il s'est mis dans la tête de trouver en voyage
l'éclosion de la Naïade antique
et la fleur d'eau épanouie sur l'onde
où la Nymphe se cache nue,

La Ninfo bello e puro e lindo e vaigo
Que l'esperit counceu e que desiro,
Que lou pinceu retrais, que lou pouèto
Dins si vesioun eternamen evoco,
La Ninfo atrivarello e vouluptouso
Qu', à l'entour dóu nadaire, au brieu de l'aigo
Bandis floutanto sa cabeladuro
E se counfound e found emé la riso.
E, de canau en canau, pèr la Sono,
Es descendu de soun païs de Flandro,
Coume davalon dóu neblun li ciéune
I clar dóu Vacarés, quand vèn l'autouno.

XIII

Entre sauta, pelin, sus lou Caburle,
A touca man au patroun, sènso croio;
Parlo emé tóuti à la bono franqueto;
I Coundriéulen ié pago de cigaro
De soun païs, que sènton qu'embausemon,
E, pas plus fièr qu'un fraire de la tasso,
A soun flasquet à-de-rèng li fai béure
Un aigo-ardènt que li nèblo n'en foundon.
— Aquéu, entre éli dison, es di nostre!
— Di vostre? ié respond, lou poudès dire,
E, cambarado, se vous fau d'ajudo,
Sian d'un païs que i'an pas pòu de l'aigo

la Nymphe belle et pure et claire et vague
que l'esprit conçoit et désire,
que le pinceau retrace, que le poète
dans ses visions éternellement évoque,
la Nymphe séductrice, voluptueuse,
qui, autour du nageur, au cours de l'eau,
laisse flotter sa chevelure
et se confond et fond avec le flot.
Et de canal en canal, par la Saône,
il descendit de son pays de Flandre,
comme descendent du nord brumeux les cygnes
aux « clairs » du Vacarés, quand vient l'automne.

XIII

A peine il a sauté, pâlot, sur le Caburle
et au patron touché la main, sans morgue,
il converse avec tous à la bonne franquette ;
aux Condrillots paye des cigares
de son pays — qui fleurent comme baume,
et, pas plus fier qu'un « frère de la tasse »,
il leur fait boire à son flacon, après l'un l'autre,
une eau-de-vie qui liquéfie les brumes.
Et entre eux ils se disent : — « Celui-là est des nôtres ! »
— « Des vôtres ? répond-il, oh ! vous pouvez le dire,
et s'il vous faut de l'aide, camarades,
nous sommes d'un pays où l'on ne craint pas l'eau

*E que iè sabon proun tira la remo. —
Li barcatié soun ravi; l'environon
Coume lou cors d'un rèi e iè regardon
Sa barbo roussinello, si man fino,
Em'uno flour d'esmaut que iè pendoulo,
Escrincelado, à soun clavié de mostro.*

XIV

*Mai lou patroun Apian : — Empèri ! crido.
La barco primadiero e li seguènto,
Au proumié cop d'empento, vers la gaucho
An représ soun draiòu. Sus l'aigo longo
Dóu tèms que van li nau tòuti souleto,
Lou prince blound deviso emé la chourmo.
Poulidamen iè conto qu'es d'Oulando
E fiéu de rèi e que vai en Prouvènço,
Bouscant la flour que porto pèr ensigne :
— Flour de mistèri, dis, incouneigudo
Is ome d'enfre terro, car dins l'aigo
Fai soun sejour emai soun espandido,
Flour de pantai, de gentun, de belesso,
Que mi Flamen la noumon « flour de ciéune »
E que, pèr tout païs ounte s'atrovo,
L'ome i'es gai e la dono i'es bello.
— Acò? diguèron en s'aprouchant tòuti,
Mai es la flour de Rose, moun bèu prince,*

et où l'on sait tirer assez bien à la rame. » —
Les nochers sont ravis; ils l'entourent
comme le corps d'un roi et lui regardent
sa jeune barbe blonde, ses mains fines
et une fleur en émail, ciselée,
qui pend à son clavier de montre.

XIV

Mais le patron Apian s'écrie : « Empire! »
La barque capitane et les suivantes,
au premier coup de timon, vers la gauche
ont repris leur dérive. Sur l'eau longue
cependant que les nefs vont toutes seules,
le prince blond devise avec la chiourme.
Gentiment il leur conte qu'il est de Hollande
et fils de roi, et qu'il va en Provence,
cherchant la fleur qu'il porte pour insigne :
— « Fleur de mystère, dit-il, inconnue
aux profanes terriens, car dans les eaux
elle fait son séjour et s'y épanouit,
fleur de beauté, fleur de grâce et de rêve
que mes Flamands appellent « fleur de cygne » [2] :
par tout pays où on la trouve,
l'homme est joyeux, la femme belle. »
— « Cela? en s'approchant dirent les bateliers,
mais c'est la *fleur de Rhône*, mon beau prince,

L'esparganèu, que souto l'oundo naiso
E qu'amo tant, l'Angloro, d'ana cueie !
— L'Angloro ? — Anen, avanço-te, Jan Rocho,
E digo-ié, faguèron, qu's aquelo...
— Autant que iéu poudès n'en parla vautre,
Respoundeguè brounzant un jouvenome
Que d'un liban fasié l'emploumbaduro.
— Oh ! d'aquéu laid moudourre ! ié cridèron,
Que ! l'as belèu sounjado aniue, qu'en ribo
Fasié si panto emé quauque pescaire.
— Avès bèu dire e meissa, mai, pèr moio !
Rebriquè lou droulas, quand vers li tousco
Dóu Malatra, mounte l'Ardecho furgo,
Ié passas contro en empegnènt la barro
E que, li pèd descaus sus la sableto,
La vesès rire emé si dènt que mordon,
Ah ! n'i' a de bèu que, se vous fasié signe
Dóu bout dóu det, cabussarias à l'aigo
Pèr i'ana traire un poutoun sus l'aubenco
De soun pèd nus !

XV

  — Hòu ! certo, aquelo drolo,
Patroun Apian diguè, l'ase me quihe,
Vous fara quauque jour vira canturlo...
Parlon jamai que d'elo : es pas bèn laido ;

e jonc fleuri, qui se nourrit sous l'onde
et que l'Anglore aime tant à cueillir! »
— « L'Anglore? » — « Allons, avance-toi, Jean Roche,
et dis-lui donc quelle est celle-là, » firent-ils.
— « Autant que moi, vous autres, vous pouvez en parler! »
répondit brusquement un jeune homme
qui tressait l'épissure d'un cordage.
— « Oh! le vilain bourru! lui cria-t-on,
tu l'auras cette nuit songée peut-être — qui à terre
faisait gogaille avec quelque pêcheur... »
— « Vous avez beau hâbler, mais, dame, quand,
riposta le gros gars, vers les fourrés
du Malatra, là où l'Ardèche fouille,
vous passez à côté, poussant la barre,
et que, nu-pieds sur le sable fin,
vous la voyez riant avec ses dents qui mordent,
ah! combien d'entre vous, si du bout de son doigt
elle faisait un signe, se jetteraient à l'eau
pour aller déposer un baiser sur l'aubier
de son pied nu! »

XV

— « Ho! cette fille, certes,
dit Patron Apian, le diable m'emporte!
vous fera quelque jour tourner la tête...
ils ne parlent que d'elle : ce n'est pas un laideron,

Mai pèr n'en faire talo cridadisso,
l'a pièi pas d'aigo cici jusquo au coui, eto!
A respèt dóu fihan de nòsti costo,
Gaiard, poumpous e blanc coume de toumo!...
Reiaume! buto à Givors! — S'entrepachon
Li barco à quèi : lou peirié sus l'esquino,
Li porto-fais abarbassi revèsson
Li coufo de carboun i savouiardo;
S'empielo à bèu mouloun la ferramento
E la quincaio e li daio e li forfe
E li fusièu requist de Sant-Estève.
E m'acò fai tira! tóuti coutrìo,
S'es deja mes lou prince blound à l'obro,
Car l'a bèn di, vòu viéure en cambarado
Emé li ribeirié, patroun e chouro,
E barreja, rema, trima coume éli,
Tau que faguè Peiroun, lou zar di Rùssi,
A Zaardam, quand jouve s'embauchavo
Pèr coumpagnoun fustié, voulènt aprene.

XVI

Mai lou verai es que, pèr uno espouncho
Que vèn dóu sang, Guihèn (coume ié dison
Au bèu dóufin de la nacioun flamenco)
Vòu trafega lou Rose. Vòu counèisse
Lou nis, lou couvadou, la terro ilustro

mais pour en faire une crierie pareille,
il n'y a pas ici d'eau jusqu'au cou, voyons !
à l'égard des tendrons de nos côtes,
vigoureux, opulents et blancs comme jonchée !...
Royaume ! bute à Givors ! » — Et bord à quai
cognent les barques : le coussinet au dos,
les portefaix barbus déjà reversent
les mannes de charbon aux *savoyardes;*
on empile à beaux tas les ferrements
et la quincaille et les faux et les forces
et les fusils fameux de Saint-Étienne.
Puis derechef, en route ! et, d'accord tous,
le prince blond s'est déjà mis à l'œuvre,
car il a bien promis de vivre en camarade
avec les mariniers, patron et gens du bord,
et manœuvrer, ramer, trimer comme eux,
ainsi que fit Pierron, le czar des Russes, lorsque
à Zaardam, dans sa jeunesse, il s'embaucha
compagnon charpentier, voulant apprendre.

XVI

Mais le vrai, le voici : par une suggestion
qui vient du sang, Guilhem (ainsi se nomme
le beau dauphin de la nation flamande)
veut rouler par le Rhône. Il veut connaître
l'aire qui le couva, la terre illustre

Que i'a trasmés lou noum preclar que porto,
Aurenjo e sa famouso Glourieto,
Palais e fourtaresso de sis àvi
Au tèms feran di guerro sarrasino.
E vòu ressegre e vèire chasco liogo
Ounte an leissa si piado aquéli prince
Que soun Cournet clantiguè dins li laisso
De tóuti li cansoun cavaleirouso.
E vòu s'aprene aquelo parladuro
Ounte Bierris de Roumans bresihavo
Soun teta-dous lesbian, la lengo alègro
Ounte cantè la Coumtesso de Dìo
Si lai d'amour emé Rimbaud d'Aurenjo.
Èu a legi. Se sènt dins la courado,
I'a de moumen, lis ambicioun superbo,
Lou rebroutun dis envejasso folo
Que vers la glòri an enaura si paire
E lou regrèt di counquisto perdudo.
Mai en que bon lou regrèt, se di rèire
Pòu recoubra la terro souleiouso
En l'embrassant de soun regard alabre!
Es-ti besoun d'espaso que fouguejon
Pèr s'empara de ço que l'iue nous mostro?
E sarié pas trop bèu emai tout simple
De recounquerre aquéu flouroun d'Aurenjo,
Aquéu relarg que li Baussen tenguèron,
Aquel empèri enfin di Bousounido
Que dins lou crid « empèri! » toujour duro,
En s'afreirant i bòni gènt dóu pople
Que l'an garda, lou crid di souvenènço?

qui lui transmit le noble nom qu'il porte,
Orange et sa célèbre Gloriette,
château fort et palais de ses aïeux
au temps féroce des guerres sarrasines.
Et il veut parcourir et voir chacun des lieux
où ont laissé leurs vestiges ces princes
dont le Cornet [3] sonna dans les tirades
de toutes les chansons chevaleresques.
Il veut s'initier à ce langage
dans lequel Béatrix de Romans gazouillait
ses doux accents lesbiens, la langue allègre
en laquelle chanta la Comtesse de Die
ses lais d'amour avec Raimbaud d'Orange.
Il a lu. Il se sent aux entrailles,
à de certains moments, les ambitions superbes,
le reverdissement des grandes envies folles
qui vers la gloire ont exalté ses pères
et le regret des conquêtes perdues.
Mais pourquoi le regret, si des ancêtres
il pouvait recouvrer la terre ensoleillée
en l'embrassant de son regard avide!
Qu'est-il besoin d'épées qui étincellent
pour s'emparer de ce que l'œil nous montre?
Et ne serait-ce pas trop beau, tout simple aussi,
de reconquérir ce fleuron d'Orange,
ce franc-alleu que tinrent ceux des Baux,
et cet empire enfin des Bosonides
qui dans le cri « empire! » dure encore,
en s'accointant aux bonnes gens du peuple
qui l'ont gardé, le cri des souvenances?

Lou dison proun d'un que vèn poupulàri :
« Acò 's un rèi, nostè rèi ! » Cavalisco !
Dequé voulès de mai ? autant n'i'avèngue !
Car à soun tour li castèu-fort s'aclapon,
Coume aparèis aqui sus chasque mourre,
E tout degruno e tout se renouvello...
Mai sus ti piue, inmudablo Naturo,
Espelisson toujour li ferigoulo
E sèmpre li pastour e pastoureto
Ié recoumençaran si viéutoulado.

XVII

Lou neblarés, qu'à cha pau s'enlumino,
A descubert au jour la vau tubiero
Emé si verd coustau de mountagnolo
Qu'entre-mitan lou Rose ié barrulo.
E Mèste Apian, en countemplant la fàci
Dóu soulèu nòu que regaiardis tóuti,
Crido : « Un de mai ! » Li navegaire ensèmble
An aussa lou capèu ; s'escarrabihon
Li passagié, badant à tout rescontre,
Quand tout-d'un-cop, magnifico, au recouide
Aparèis dins soun plen l'antico Vieno,
Assetado en autar sus lis ancoulo
Dóu noble Dóufinat. Vaqui, celèbre,
Lou Toumbèu de Pilato qué pounchejo.

On le dit bien de qui est populaire :
« C'est notre roi, c'est un roi ! » Eh ! bon Dieu,
quoi davantage ? autant lui en advienne !
Car à leur tour croulent les châteaux forts,
comme il apparaît là sur chaque mamelon,
et tout s'éboule et tout se renouvelle...
Mais sur tes cimes, immuable Nature,
à tout jamais les thyms éclosent
et toujours les pasteurs et pastourelles
s'y vautreront sur l'herbe au renouveau.

XVII

L'épais brouillard, qui peu à peu s'éclaire,
a découvert au jour la vallée vaporeuse
avec les verts coteaux de ses collines
où court le Rhône roulant au milieu d'elles.
Et Maître Apian, en contemplant la face
du soleil neuf qui ragaillardit tous,
crie : « Un de plus ! » Les nautoniers ensemble
ont haussé le chapeau ; la joie réveille
les passagers, ébahis à tout coin,
quand tout d'un coup, magnifique, au tournant
apparaît dans son plein l'antique Vienne,
assise en autel sur les contreforts
du noble Dauphiné. Voilà, célèbre,
le Tombeau de Pilate et son aiguille.

Li paradou s'entèndon que tabasson
Pèr apresta li drap dins li fabrico.
Copo-jarret, l'escalabrouso auturo,
Espandis en ventau si bastidouno;
E li clouchié 'mé li tourre e li tèmple,
Dins la lumiero inoundarello e cando,
I' escrivon dòu passat l'istòri agusto.

XVIII

Soun pourtulan à la man que fuieto,
Em' estrambord adounc cridè lou prince :
— Salut, empèri dòu soulèu, que bordo
Coume un orle d'argènt lou Rose blèuge!
Empèri dòu soulas, de l'alegrìo!
Empèri fantasti de la Prouvènço
Qu'emé toun noum soulet fas gau au mounde!
Èstre nascu dins li tèms de bagarro,
De bourroulis, de noun-rèn, d'aventuro,
Ounte, uno espaso en man, lou valènt ome
Poudié, prenènt counsèu que de soun èime,
Poudié, dins lou grouün di treboulino,
Se taia libramen un bèu reiaume,
Acò si, de chabènço, que n'èro uno!
Coume aquéu grand Bousoun, comte de Vieno,
Que, i'a milo an, aqui dins la grand glèiso
De Sant Maurise, porto sus sa toumbo

On entend les foulons qui frappent à grands coups
pour apprêter les draps, dans les fabriques.
Coupe-jarret⁴, sur ses pentes ardues,
étale en éventail ses maisonnettes;
et les clochers et les tours et les temples
dans la lumière inondante et limpide
écrivent du passé l'histoire auguste.

XVIII

Son portulan à la main — qu'il feuillette,
le prince transporté lors s'écria :
— « Salut, empire du soleil, que borde
comme un ourlet d'argent le Rhône éblouissant!
empire de plaisance et d'allégresse,
empire fantastique de Provence
qui avec ton nom seul charmes le monde!
Oh! être né dans les temps de bagarre,
de pêle-mêle, de néant, d'aventures,
où, une épée en main, le vaillant homme
pouvait, ne consultant que son instinct,
pouvait, dans le ferment des troubles,
se tailler librement un beau royaume,
en voilà une, entre toutes, de chance!
Comme ce grand Boson, comte de Vienne,
qui là, depuis mille ans, dans l'église majeure
de Saint-Maurice, porte sur sa tombe

Lou testimòni escri de soun audàci,
De sa munificènci, de sa glòri!
Rèi fouscarin e prince de coumèdi,
Nous-àutri vuei, despersouna, dins l'oumbro
De nòstis atribut legau e mingre,
Passan à la chut-chut ras de l'istòri,
En tenènt amaga courouno e scètre,
Coume s'avian cregnènço d'èstre en visto!
Mai tu, comte Bousoun, à la barbeto
Di poutentat de Franço e d'Alemagno,
T'encavalant d'un bound i flanc dóu Rose :
« Moun chivau, àrri! àrri! » pèr li serre,
Au crid de : vivo Prouvènço! *t'auboures...*
Li gènt dins lou mesclun : — Vaqui, se dison,
Un ome! — E li baroun e lis evesque
T'an aclama rèi d'Arle dins Mantaio! —

XIX

Entandóumens que lou prince es en dèstre,
Li ribeirié, butant à la redolo,
An embarca li boutarèu de bierro
Emé si founs engipa que blanquejon,
De bierro bloundo e bruno qu'escumouso
Vai regala, tout lou tèms de la fiero,
Dins li cafourno e basar de Bèu-Caire.
Li gargassoun asseda di bevisto.

le témoignage écrit de son audace,
de sa munificence, de sa gloire !
Princes de comédie et rois blafards,
nous aujourd'hui, impersonnels, dans l'ombre
et l'étroitesse de nos attributs légaux,
nous passons chuchotant à ras l'histoire,
dissimulant couronne et sceptre,
comme si nous avions peur d'être en vue !
Mais toi, comte Boson, à la barbe
des potentats de France et d'Allemagne,
tu enfourches d'un bond les flancs du Rhône :
« Allons, mon bon cheval ! » par les sommets,
au cri : *vive Provence !* tu t'élèves...
— « Voilà, se disent les gens dans la mêlée,
« un homme ! » — Et les barons et les évêques
t'ont acclamé roi d'Arles dans Mantaille ! »

XIX

Mais pendant que le prince exulte,
les mariniers, les roulant devant eux,
ont embarqué les barriques de bière
avec leurs fonds plâtrés et blancs,
de bière blonde et brune qui, mousseuse,
va délecter, tout le temps de la foire,
dans les tavernes et bazars de Beaucaire,
les gosiers assoiffés des buveurs.

E sènso mai tarda, que lou tèms prèsso,
An fa soun viravòut e lou Caburle,
Tirassejant après sa blanco floto,
Repren requinquiha lou fiéu de l'oundo.
Mai tout-escas sus li colo groupudo
An vist amount, bèn empaligoutado,
Li vigno d'or de la Costo-Roustido
E peralin devista sus la drecho
Dóu mount Pilat li tres dènt blavinello,
Davans Coundriéu li vaqui. Jiton l'ancro.
Es lou païs d'ounte soun quàsi tóuti.
Sus lou Sablié, pèr apeita si paire,
Un vermenié d'enfant, despièi quatre ouro,
Soun aqui nus o mita nus que jogon :
Lis un gafant o fasènt de soupeto,
Au bataioun lis àutri que s'aquèiron.
Au pèd de sis oustau, dóu long de l'aigo,
A plen de pourtalet li pàuri femo
Desempièi lou matin soun à l'espèro
Pèr vèire au barcarés passa sis ome.

XX

— Blandino, courre, que toun paire arribo!
— Bon-jour, patroun Apian! — Diéu vous lou doun
— Trasès-me lou mouchoun, que vous amarre!
— Digo-i'à Mariocho que m'empligue

Sans plus tarder, car le temps presse,
ils ont viré de bord et le Caburle,
entraînant après lui sa blanche flotte
et rengorgé, reprend le fil de l'onde.
Or, sur les croupes des collines,
aussitôt vues là-haut, bien munies d'échalas,
les vignes d'or de la Côte-Rotie
et aperçus au lointain sur la droite
le mont Pilat et ses trois dents bleuâtres,
devant Condrieu voilà qu'ils mouillent l'ancre.
C'est le pays d'où ils sont presque tous.
Sur le Sablier, pour attendre leurs pères,
un fouillis de gamins, depuis quatre heures,
sont là tout nus ou moitié nus qui jouent :
les uns dans l'eau barbotent ou font des ricochets,
les autres se battant à coups de pierres.
Au pied de leurs maisons, le long du fleuve,
les pauvres femmes, sur le pas des portes,
sont à l'affût, depuis la matinée,
pour voir au port passer leurs hommes.

XX

— « Blandine, cours : ton père qui arrive ! »
— « Bonjour, patron Apian ! » — « Dieu vous le donne ! »
— « A moi le bout, je vous amarrerai ! »
— « Dis-lui, à Marioche, de m'emplir

De vin d'Ampuis, iéu, aquelo boumbouno...
— l'es pas Damian ? Tè, vaqui si camiso.
— Goutoun! Mioun! Dequ'es que vous aduse
D'en fiero, hòu ? — Aduse-me, Ribòri,
Quàuquis anèu de cren emai de vèire,
D'aquéli que dessus i'a 'n gàrri rouge!
— O. — Iéu, aduse-me pèr la meinado
Uno titèi, d'aquéli que si giblon!
— O. — Iéu, aduse-me de gimbeleto,
D'aquéli bono qu'em' un fièu s'enrèston...
— O. — Iéu, aduse-me... — Tout acò piaio;
Li recoumandacioun de touto meno
Se van crousant di batèu i fenèstro :
— A toun papet, digo-ié que te croumpe
Dins un massapan rose uno sourreto,
Que, Glaudihoun? — Moun grand, iéu à Bèu-Caire
Ié vole ana! — Lou cop que vèn, moun drole...
— Anen, carrejas-vous! Bono aventuro!
— Tenès-vous bèn gaiardo, tanto Chaisso!
— E tu, Janin, aviso-te di Trèvo
E di fiò de sant Èume e dis Oulurgue
Que van, la niue, pèr lis Aliscamp d'Arle!

XXI

Pièi adessias. La baisso lis atiro.
Fau pas que perdon tèms, d'aiours, se volon

de vin d'Ampuis, vite, cette cruche... »
— « Où est Damian ? Tiens, voilà ses chemises. »
— « Goton ! Mïon ! Qu'est-ce que je vous apporte
de la foire, holà ho ? » — « Apporte, Ribory,
quelques bagues de crin et aussi de verre,
de celles qui dessus ont un rat rouge ! »
— « Oui ! » — « Moi, pour la petite apporte-moi
une poupée, de celles qui se ploient ! »
— « Oui. » — « Pour moi apporte des gimblettes,
de ces bonnes qui sont enlacées avec un fil... »
— « Oui. » — « Moi, apporte-moi... » Tout ça jacasse ;
les recommandations de toute sorte
se vont croisant des bateaux aux fenêtres :
— « Dis à ton grand-papa de t'acheter
dans une boîte rose une petite sœur,
eh ! Claudillon ? » — « Père-grand, à Beaucaire,
moi je veux y aller ! » — « Le coup prochain, mon gars...
— « Allons, portez-vous bien ! bonne aventure ! »
— « Tenez-vous bien gaillarde, tante Chaisse ! »
— « Et toi, Janin, prends garde aux Trèves[6],
aux feux Saint-Elme et aux Oulurgues[7]
qui vont, la nuit, par les Aliscamps d'Arles ! »

XXI

Et puis adieu. Le Midi les attire.
Ils n'ont du reste pas de temps à perdre

Arriba li proumié 'n terro d'Argenço
E gagna lou moutoun. Au briéu de l'aigo
Encaro touto bluio di turqueso
Qu'a rabaia dins lou laus de Genèvo,
Dóu tèms que van li tèndo blanquinouso,
Uno après l'autro coume un vòu de ciéune,
l'a lou prince oulandés que vòu tout saupre.
— Metren long tèms pèr la desciso, mèstre ? —
Vèn coume acò. Patroun Apian s'escuro
E, tout gauchous de faire uno passado
Soun Ciceroun : — Dous jour, tres lou mai, prince,
Au cas que pèr camin i'ague d'encoumbre,
Respond, tau que de nèblo, coume aquéli
Qu'avian aquest matin e proun espesso
Pèr empacha de vèire l'endraiado...
Car fau pas boufouna 'm'aquéli roco,
Estéu, secan, agacin e berrugo
O 'm'aquéli graviero dangeirouso
Que i'a de liuen en liuen souto li riso.
Se l'on s'aviso pas, la barco roto,
Se crèbo e béu, flòu! flòu! o dins un auve
S'engravo jusquo i bord e tout se nègo.
Sènso parla di pont ounte l'on ruto
Ni dis entravadis que fan li traio...
Sant Micoulau, patroun de la ribiero,
Nous garde longo-mai!

s'ils veulent arriver les premiers en Argence[8]
et gagner le mouton. Au cours de l'eau,
encore toute bleue des turquoises
qu'elle a ramassées dans le lac de Genève,
pendant que vont les tentes blanches
une après l'autre, telles qu'un vol de cygnes,
le prince hollandais veut tout savoir.
— « Allons-nous mettre longtemps pour la descente,
maitre ? » demande-t-il. Le patron bruyamment
tousse et, heureux de faire quelque peu
son Cicéron : — « Deux jours, trois au plus, prince,
au cas où par la route il y ait de l'encombre,
répond-il, des brouillards, par exemple, pareils
à ceux que nous avions ce matin et assez denses
pour empêcher de voir la direction...
Car il ne s'agit pas de plaisanter avec ces roches,
écueils, récifs et pointes et verrues
ou bien avec ces grèves dangereuses
que recèlent de loin en loin les eaux qui rient.
Si l'on n'ouvre pas l'œil, la barque râpe,
se crève et boit : floc ! floc ! ou dans un « maigre »
s'engrave jusqu'aux bords et tout se noie.
Sans parler des ponts où l'on heurte
ni des empêchements des bacs...
Saint Nicolas, patron de la rivière,
nous garde longuement ! »

XXII

— Reiaume, foume!
Cridè lou veiturin coupant sa dicho,
Li vesès pas, lis isclo de Sant Pèire,
Capounas de pas Diéu, que vous entramblon? —
Reprenguè pièi : — Es pèr vous dire, prince,
Qu'emai, coume afourtis lou reprouvèrbi,
Au davala tóuti li sant ajudon,
En davalado, anas, tant se rescontro
Si contro-tèms, destourbe e mau-parado.
D'ourdinàri pamens, quand vai en bello
E que se pòu, meme au clar de la luno,
Counèisse à visto d'iue lis endrechiero,
Di grand quèi de Lioun i bàssi ribo
Dóu Rose prouvençau, en dos journado
Se fai, i mes d'estiéu, l'escourregudo.
Coucagno, acò! mai pièi es la remounto,
Segnour, que fai tira! De bando en bando,
Sus li coursié qu'en remou nous seguisson. —
Alucas-lèi, quicha coume d'anchoio. —
Avèn aqui nòsti chivau de viage :
Vint couble fort, tout de bèsti chausido,
La flour de la jumento charouleso,
Que li veirés, quand revendren contro aigo,
S'espangouna, superbe, long dóu flume...

XXII

— « Royaume, foudre ! »
cria le voiturin en coupant son récit,
« vous ne voyez donc pas les îles de Saint Pierre,
grand capon de pas Dieu, qui vous entravent ? » —
Et il reprit : — « C'est pour vous dire, prince,
que s'il est vrai, comme affirme un proverbe,
que tous les saints aident à la descente,
tout de même en descente, allez, il se rencontre
ses contre-temps, incidents et hasards.
D'ordinaire pourtant, quand tout va bel et bien
et que l'on peut, même au clair de la lune,
reconnaître à vue d'œil la bonne voie,
des grands quais de Lyon aux basses rives
du Rhône provençal, en deux journées,
aux mois d'été, se fait la course.
Un vrai jeu que cela ! mais puis c'est la remonte,
seigneur, qui fait tirer ! De chaque bord,
sur les bateaux plats que nous remorquons,
— voyez-les donc, encaqués comme anchois, —
nous avons là nos chevaux de halage :
vingt fortes couples, toutes bêtes de choix,
fleur des haras du Charolais,
que vous verrez, quand nous reviendrons contre-mont
s'évertuer superbes sur la rive du fleuve...

Dise pas que noun i'ague, sus l'Empèri
O lou Rèiaume, rèn de coumparable
A noste cavalin; mai vous responde
Que vint milo quintau noun lis acuelon.

XXIII

— E quant se met de tèms pèr la remounto?
— Depènd : i mes d'estiéu, quand l'aigo es liso,
Dins dès-e-vue o vint jour pòu se faire.
I pichot jour, quand la sesoun iverno,
N'en fau de trento-cinq, vès, à quaranto...
Mai lou terrible pièi es quand lou Rose,
Aboudenfli pèr li plueio autounenco
O pèr aquéli gròssi levantado
Qu'emé la pleno avau ié fan rebouto,
Mounto, emé soun eigasso de poustèmo,
Sus li trenado e paliero fourçudo,
Negant li caladat e li carrairo.
Sacre couquin! n'es uno de misèri,
Alor, quand li chivau, à la maieto
De chasco nau, tirant de quatre en quatre,
Veson plus lou camin e s'empatouion
Enjusquo au quiéu dins li blad, dins lis òrdi,
A li falé derraba 'mé 'no barro
Que se ié passo à dous souto lou vèntre!
O bèn, moussu, quand fau chanja de ribo

Je ne dis pas qu'il n'y ait, sur l'Empire
ou le Royaume, rien de comparable
à notre chevaline; mais je vous garantis
que vingt mille quintaux ne les font point culer. »

XXIII

— « Et quel temps se met-il pour la remonte? »
— « Cela dépend : aux mois d'été, quand l'eau est lisse,
en dix-huit ou vingt jours on peut la faire.
Aux petits jours, quand la saison hiverne,
il en faut de trente-cinq, voyez-vous, à quarante...
Mais le terrible, puis, c'est quand le Rhône,
gonflé par les pluies automnales,
ou par ces gros temps d'Est
qui avec la marée en aval le refoulent,
déborde ses grandes eaux troubles
sur les puissantes digues et sur les clayonnages,
noyant les perrés et les voies.
Sacré coquin! quelle misère,
alors, quand les chevaux, à la cordelle
de chaque nef, tirant quatre par quatre,
ne voient plus le chemin et s'embourbent
jusqu'à la croupe dans les blés, dans les orges,
au point de les falloir lever avec un pieu
qu'on leur passe à deux sous le ventre!
Ou lorsqu'il faut, monsieur, changer de rive

Pèr fourvia quauco ribiero grosso
Que s'entravèsso i pèd dis equipage;
O bèn, moussu, quand fau gafa l'Ouvezo,
Quand fau gafa lou Roubioun e la Droumo!
Es un brave travai! Contro li roco
En fringouiant li cordo se gausisson:
Fau faire un group, fau uno emploumbaduro;
Fau, à cop de destrau, toumba lis aubre
Que podon empedi; fau, milo-diéune!
A cop de poung, de pau e de partego,
Entanterin que li chivau se nègon,
S'agarri pèr camin emé li panto
Que, pèr gagna davans emé si couble
O trebóuja (coume disèn tout rufe),
Vendran enjarreta, de fes, li nostre...
Ah! boutas, n'i' a pèr tóuti!

XXIV

— Emai n'en rèsto! —
Fai lou prince en risènt. A l'avalido,
Encabana de nèu que blanquinejo,
Li serre dóu Vercors pougnon l'espàci.
Lis abeié de Crau, d'aquéstis ouro,
Desbrouton adamount lis erbo drudo,
Lou sant-janet flouri, la pimpinello:
Car es i pastre d'Arle que l'aubiso

pour éviter quelque rivière grosse
qui se met en travers aux pieds des équipages ;
ou lorsqu'il faut, monsieur, passer à gué l'Ouvèze,
passer à gué le Roubion et la Drôme !
C'est un rude travail ! Contre les roches,
au frottement les cordes s'usent :
il faut bâcler un nœud, une épissure ;
il faut abattre, à coups de cognée, les arbres
qui peuvent empêcher ; oui, mille dieux !
il faut, à coups de poing ou de pieu ou de gaffe,
pendant que les chevaux se noient,
se mettre par chemin aux prises avec les rustres
qui, pour gagner devant avec leurs couples
ou *trébouger* (ainsi que nous disons tout brut),
viendront dans les jarrets parfois cingler les nôtres...
Allez, il y en a pour tous ! »

XXIV

— « Et il en reste ! »
fait le prince en riant. A l'horizon,
chaperonnés de neige blanchissante,
les sommets du Vercors piquent l'espace.
Les troupeaux transhumants de la Crau, à cette heure,
broutent là-haut les herbes drues,
le cytise fleuri, la pimprenelle :
car c'est aux bergers d'Arles que l'usage

*De tóuti aquélis Aup e cimo liuencho
Desempièi de milo an es reservado.
E fin-qu'au Nivoulet de la Savoio
E peramount fin-qu'au brecas dóu Viso
E peralin à-n-aquéu mount Genèbre
Qu'es l'aigo-vers de Franço emai d'Itàli,
Tout i'apartèn. E de que tiron glòri
Tóuti li counquistaire li mai trule
Que sus Rose à-de-rèng an fan l'empèri,
Li Charle-Magne emé li Bonaparte,
Lis Annibau e li Cesar de Roumo,
Pèr avé trecoula tàlis auturo !
Quand tóuti li printèms, en caravano,
Quand tóuti lis estièu e lis autouno,
Emé si grand menoun que fan trahino
Dintre la nèu brenouso di neviero,
Emé tout soun fedan qu'a ges de noumbre,
Lou bastoun à la man, jougant dóu fifre,
Escalon, éli, e passon li mountagno !*

de toutes ces Alpes et cimes lointaines
depuis des milliers d'années est dévolu.
Et jusqu'au Nivolet de la Savoie,
et jusqu'au pic escarpé du Viso,
et loin, bien loin, jusqu'à ce mont Genièvre
qui départit les eaux de France et d'Italie,
à eux tout appartient. Et de quoi se prévalent
les conquérants les plus goulus
qui eurent tour à tour empire sur le Rhône,
les Charlemagne avec les Bonaparte,
les Annibal et les César de Rome,
pour avoir franchi ces hauteurs!
lorsque tous les printemps, en caravane,
lorsque tous les étés et les automnes,
avec leurs grands boucs qui ouvrent la trace
parmi la neige grenue des *névés*,
suivis de leurs innombrables brebis,
le bâton à la main, jouant du fifre,
nos pâtres, eux, gravissent et passent les montagnes!

CANT TRESEN

LA DESCISO DÓU ROSE

XXV

I pourtihoun d'Andanço e d'Andanceto
Es arribado enterin la floutiho
E i'an carga de post, de talaguëgno,
De fais de dougo e de roudau de ciéucle.
E ribejant la costo parpelouso
Dóu Vivarés, toujour que mai arèbro,
Toujour que mai feroujo e travessudo,
Se van crousant, quasimen toco à toco,
Emé la maio lènto e la rejano
E li chivau d'uno autro longo tiero
Que sus Lioun peniblamen remounto.
— Salut! — De chasque las li bras se lèvon
E li capèu vouguejon dins l'espàci:
— Eh! coume vai lou viage? — A la coustumo!

CHANT TROISIÈME

LA DESCENTE DU RHÔNE

XXV

Aux petits ports d'Andance et d'Andancette
est arrivée cependant la flottille
et l'on y a chargé des planches, des poutrelles,
et des douves en botte et des cerceaux en roue.
Et en longeant la côte sourcilleuse
du Vivarais, de plus en plus abrupte,
de plus en plus farouche, accidentée,
les voilà qui se croisent, se frôlent presque,
avec la maille¹ lente et le câbleau
et les chevaux d'une autre longue file
qui sur Lyon péniblement remonte.
— « Salut ! » — Les bras de chaque part se lèvent
et les chapeaux s'agitent dans l'espace :
— « Comment va le voyage ? » — « A la coutume ! »

— l'èro au Sant-Esperit lou gros mudaire?
— Regardavo au soulèu quant èro d'ouro.
— En bevènt à soun flasco? — Eto, pardinche!
— Es engravo lou pont vers Bagalanço?
— N'a pas parla lou gros Tòni. — L'Ardecho
Alor aura founsa contro lis isclo.
— Se pòu. — E vautre, alin à la Grand-Gafo,
Avès agu forço aigo? — Jusquo au vèntre!
— Mai de lu fiero an panca fa li crido?
— Riscas pas de gagna la moutounesso,
Coulègo! — Coume vai? — D'en Aigo-Morto
Partian, i'a quinge jour, e vers Li Santo,
Se bidoursant subre sis ancoureto,
Vesian sus Rose un bastimen de Tùnis
Qu', en pano retengu souto la biso,
Esperavo l'embat pèr faire velo
Au proumié jour vers lou port de Bèu-Caire.
Èro carga de dàti e de jusiolo
Que, sus si vèsto roujo, èron garnido
De sequin d'or e de piastro lusènto.

XXVI

— Nous enchau bèn, aqui faguè Jan Rocho,
De si judiéuvo, figo encabassado
Que sènton l'escaufit emai lou surge!
Sus li lahut à la tasto se croumpon...

CHANT III, LA DESCENTE DU RHÔNE. 67

« Y était-il, au Saint-Esprit, le gros pilote? »
« Il regardait quelle heure il était au soleil. »
« En buvant à sa gourde? » — « Eh! oui! pardi! »
« Y a-t-il du gravier, au pont, vers Bagalance? »
« Il n'en a pas parlé, le gros Toni. » — L'Ardèche
ur lors aura foncé contre les îles. »
« Il se peut. » — « Et vous autres, par là-bas, au Grand Gɩ
ɜz-vous eu beaucoup d'eau? » — « Jusqu'au ventre! »
« Mais on n'a pas encore crié la foire? »
« Ah! vous ne risquez pas de gagner le mouton,
llègues! » — « Et pourquoi? » — « D'Aigues-Mortes
us partions, il y a quinze jours, et voilà
e, vers Les Saintes, roulant sur ses ancres,
 bâtiment de Tunis dans le Rhône,
ɩu en panne sous la bise,
endait le garbin pour faire voile
 premier jour vers le port de Beaucaire.
ıvait cargaison de dattes et de juives
i, sur leurs vestes rouges, étaient garnies
 sequins d'or et de piastres luisantes. »

XXVI

ɪNous nous gaussons pas mal, reprit Jean Roche,
ses juives, figues tassées
  sentent le remugle et le suint!
 les loue au tâter, sur les tartanes...

N'i 'en menaren, nous-autre, uno à Bèu-Caire
Que se, lou bèu dimenche de la fiero,
Dóu poulidige emporto pas li joio,
Vole, sant Micoulau, que sus ma tèsto
Li Bano de Crussòu tragon soun oumbro!
— Quinto? — Devinas-la! — Belèu la fiho
Dóu Malatra, de l'ome de la mudo,
Que passo au crevelet l'or de paiolo?
— Just. — Aquelo bóumiano? — O Jan-toutouro!
De boimo coumo aquelo soun astrugo
E porton lou bonur ounte i'agrado...
E, hòu! avisas-vous que noun vous guinche
De caire, quand passas: la luno jouvo,
Coume se dis, es banarudo e fèlo!
— Siés enmasca! cridèron à Jan Rocho
Li veiturin de l'autro barquejado.
Croumpo un toupin e fai bouli d'aguïo! —
— Fai tira, Marius! — Buto à l'empento! —
En biais d'embut li man arredounido
D'uno barcado à l'autro, enca 'no vòuto.
Jiton de liuen li paraulo d'escàfi;
Mai li batèu de Mèste Apian, rapide,
Avien deja fila sus l'aigo fièro.

XXVII

Di miradou nouvèu que l'environon,
Dóu ribeirau espetaclous, di runo,

Nous allons en mener, nous, à Beaucaire,
une... Écoutez: le beau dimanche de la foire,
si elle ne remporte le prix de joliesse,
— je veux, saint Nicolas, que sur ma tête
les Cornes de Crussol[4] jettent leur ombre! »
— « Laquelle? » — « Devinez! » — « Peut-être bien la fille
du Malatra, la fille au lamaneur,
celle qui passe l'or des paillettes au crible? »
— « Oui. » — « Cette bohémienne? » — « O Jean-la-flûte
Des bohèmes semblables ont les astres pour elles
et portent le bonheur où il leur plaît...
Et prenez garde, ohé! qu'elle ne vous guigne
de côté, en passant : la lune jeune,
comme l'on dit, est cornue et félonne! »
— « Tu es ensorcelé! » crièrent à Jean Roche
les voiturins de l'autre batelée.
« Achète un pot et mets-y bouillir des aiguilles[5]! »
— « Fais tirer, Marius! » — « Pousse à la barre! »
En guise d'entonnoir les mains qui s'arrondissent
D'une barquée à l'autre, encore une tournée,
jettent de loin les paroles piquantes;
mais les bateaux de Maître Apian, rapides,
avaient déjà filé sur les eaux fières[6].

XXVII

Des points de vue nouveaux qui l'environnent,
De l'admirable vallée, des éboulis,

Di degoulòu emé sis ensarriado,
7 *Di vièi castèu enmantela de glòri*
E dóu chalun de l'èr que luminejo
l'a lou prince Guihèn qu'a lou cor ébri,
E lou pougnun d'amour noun tardo à naisse.
— La veirai bèn, se dis entre éu, la divo
Que soun fachin o sa bèuta ferouno
Sèmblo farfantela sus tout lou Rose!
L'Angloro, aquelo chato incouneigudo
Que tout acò n'en parlo e n'en pantaio,
Aquelo perlo d'auve que lusejo
A l'esperit coume au regard de tóuti
E que, noun sai perqué, sèns l'agué visto,
A iéu peréu me danso pèr la tèsto! —
L'aigo esbrihaudo e ris; li pesqueirolo,
Li barbasan, fasènt l'aleto, rason
L'oundo fugènto au gai soulèu que viro;
E d'un moulin nadant sus fourestego
Defes lou mouleiroun, o li pescaire
Tirant de si calèu lou toumbo-lèvo,
A mando-bras de liuen en liuen saludon.
Mai dins lou sang di vièi coume di jouine
La calour dóu tantost met lo pereso.
Vès-aqui Sant-Valié 'mé si terrasso:
Ié miraiejo amount l'oumbrino ilustro
De Di.no de Peitiéu, l'enmascarello
Dóu rèi Francés Proumié, la grand duquesso
D'aquéu Valentinés que Droumo arroso,
La coumtesso d'Estello clarissimo
Qu'enjoulié d'amour la court de Franço.

des rocs à pic aux ravines profondes,
des vieux châteaux emmantelés de gloire
et de la volupté de l'air si lumineux
Guilhem a le cœur ivre et chez le prince
l'élancement d'amour ne tarde point à naître.
— « Mais je la verrai bien, se dit-il à part lui,
la dive dont le charme ou la beauté farouche
semble papilloter sur tout le Rhône!
l'Anglore, cette vierge, cette jeune inconnue
dont tout le monde parle et rêve,
cette perle des grèves qui scintille
à l'imagination comme aux regards de tous
et qui, sais-je pourquoi? sans l'avoir vue,
à moi aussi me danse par la tête! » —
L'eau étincelle et rit; les poules d'eau,
les hirondelles, planant de l'aile, rasent
l'onde fuyante au gai soleil qui tourne;
et d'un moulin pendu sur barque
quelquefois le meunier, ou les pêcheurs
tirant leurs filets à bascule,
à tour de bras de loin en loin saluent.
Mais dans le sang des vieux comme des jeunes
la chaude après-midi met la paresse.
Or voilà Saint-Vallier et ses terrasses:
apparition illustre, en haut miroite
Diane de Poitiers, l'ensorceleuse
du roi François Premier, la grande duchesse
de ce Valentinois que Drôme baigne,
la comtesse d'Étoile clarissime
qui enjôla d'amour la cour de France.

Mai Diano es morto e fugidisso à rèire
Dins lou mouvènt tablèu de ço que passo
Autour di nau que van coume d'auqueto ;
E vuei, acò 's l'Angloro, la pichouno
Que bóulo à pèd descaus l'areno molo,
L'Angloro nouveleto, acò 's la vido,
Lou regardo-veni, la farfantello
D'aquéli que s'envan au fièu de l'oundo !

XXVIII

Guihèn pòu plus teni ; vèn à Jan Rocho :
— Alor, escouto un pau, dequé me dison ?
Que l'Angloro es poulido e que t'agrado ?
— Segnour, respond Jan Rocho, es tant plasènto
Que tóuti li patroun, quand la rescontron,
An pòu que d'un regard ié destimbourle,
En lis embelinant, sis equipage...
Dison qu'a marrit iue, pèr aventuro !
— E siés d'aquéli, tu, que la Sereno
Tèn enclaus dins si las ? diguè lou prince.
— Ièu ? à vous parla franc, de faire sóuco
Em' aquelo bouscarlo de broutiero
Diriéu belèu pas noun ; mai dins la cruco
Dèu avé quaucarèn, es pas poussible !
Pòu n'en veni, sabès ? de calignaire
A soun entour canta la pantouqueto...

Mais Diane est morte, en arrière elle fuit
dans le mouvant tableau de ce qui passe
autour des nefs qui vont comme des alcyons;
et aujourd'hui, l'Anglore, la petite
dont les pieds nus foulent l'arène molle,
l'Anglore en son nouveau, elle est la vie,
l'avenir en vedette, l'illusion
de ceux-là qui s'en vont au fil de l'onde!

XXVIII

Guilhem, n'y tenant plus, dit à Jean Roche :
— « Alors, écoute un peu, qu'est-ce qu'on m'apprend?
que l'Anglore est jolie et qu'elle te plaît? »
— « Seigneur, répond Jean Roche, elle est si avenante
que les patrons, tous, lorsqu'ils la rencontrent,
ont peur que d'un regard elle ne brouille
magiquement leurs équipages...
On dit qu'elle a mauvais œil, quelquefois! »
— « Et tu es de ceux-là que la Sirène
tient enchantés dans ses lacs? » dit le prince.
— « Moi, à vous parler franc, de faire couple
avec cette fauvette d'oseraie,
peut-être bien ne dirais-je pas non; mais dans la tête,
pas possible autrement, elle doit avoir un grain!
Car il peut en venir, vous savez? des galants
à son entour chanter goguettes...

Lis escouto pas mai que se siblavon.
N'a qu'un amour : es de rouda li mucio,
Pèr se ié miraia touto souleto
O ié culi de-fes la flour de Rose ;
E n'a qu'uno obro, devinarias quinto?
De crevela li sablo de l'Ardecho
Pèr arpaia (mesteiret de fournigo)
Li belugueto d'or que pòu ié caupre.
— Jabo! cridè lou segnouret alègre,
Sian pas lis Argounauto dóu Caburle?
Counquistaren, d'abord que sian en courso,
La Touisoun d'Or emai Medèio... Vogo! —

XXIX

Jan Rocho aqui-dessus, largant la cambo
A la coumando dóu patroun : empèri!
E s'apouirant emé touto la chourmo,
A, d'un cop de timoun, empen la rigo
Vers lou coustau famous de l'Ermitage,
Pèr ié carga 'n barrau de fino tencho.
De la Taulo dóu Rei, es que, s'aprochon
E Mèste Apian, lou rèi de la marino,
Coume a proumés en partènt à sis ome,
Ié dèu paga lou vin de soun reinage.
Es, la Taulo dóu Rèi, uno roundello,
Un suei de roucas vièu que se countourno,

Elle ne les écoute pas plus que s'ils sifflaient.
Elle n'a qu'un amour : rôder le long des mouilles
pour s'y mirer toute seulette
ou y cueillir parfois la « fleur de Rhône » ;
et elle n'a qu'une œuvre, la devineriez-vous ?
cribler les sables de l'Ardèche
pour *orpailler* (industrie de fourmi)
les bluettes d'or qu'il peut y avoir. »
— « Très bien ! cria le damoiseau allègre.
Sommes-nous pas les Argonautes du Caburle ?
Nous conquerrons, puisqu'on est en campagne,
la Toison d'Or et Médée... En avant ! »

XXIX

Jean Roche là-dessus, tendant la jambe
au commandement du patron : empire !
et s'accotant avec toute l'équipe,
a, d'un coup de timon, poussé la *rigue*[7]
vers le fameux coteau de l'Ermitage,
pour y charger un baril de fin piot.
De la Table du Roi, en effet, ils approchent
et Maître Apian, le roi de la marine,
ainsi qu'il l'a promis en partant à ses hommes,
doit leur payer le vin de son *reinage*.
C'est, la Table du Roi, une rondelle,
un seuil de roche vive et circulaire,

En avans de Tournoun, au miè dóu flùvi.
lé dejunè 'n passant, pèr ausi dire,
Lou rèi Sant Louis, quand davalavo en guerro
Contro li Sarrasin, alin au diable;
E i'an dina despièi li rèi que porton
Courouno dins Coundriéu. Li barco en ciéucle,
Au tour de la grand taulo roucassouso,
D'à pro se soun rambado. D'en careno
An lèu sourgi pignato e peirouladо
E pan d'anouno e liagno de saussisso
E toumo de cabrun : la mauno toumbo !
La pouncho di coutèu i glouto pesco.
Manjon de dre : li vibre ansin desruscon —
E, Diéu-merci, se la touaio es de manco,
Manco pas l'apetis. Lou baile-mèstre,
D'escambarloun sus la bouterlo pleno,
Au bèu mitan de la taulo presido;
E, d'uno man que tèn à la canello,
Fai pèr cadun espila dins la tasso
Lou moust galoi qu'au soulèu beluguejo.
Vivo lou rèi! Finisson pèr la soupo
E, vujant dins lou brouit lou vin de fèsto
Que fai bon estouma, segound sa modo,
Cadun à soun platet béu la goudalo.

en avant de Tournon, emmi le fleuve.
Saint Louis, en passant, à ce qu'on dit,
y déjeuna, quand il allait en guerre
contre les Sarrasins, là-bas au diable;
et depuis lors y ont dîné les rois qui portent
couronne dans Condrieu. En cercle les bateaux,
autour de la grande table rocheuse,
se sont rangés de proue. De la carène
ont surgi aussitôt marmites, chaudronnées,
pains de froment et liasses de saucisses
et fromages de chèvre : c'est la manne qui tombe!
La pointe des couteaux pique dans les potées
et ils mangent debout : tels les castors dévorent,
car si la nappe manque, Dieu merci,
point ne manque la faim. Le chef et maître,
à califourchon sur le tonneau plein,
au beau milieu de la table préside;
et, d'une main qu'il tient à la cannelle,
il fait jaillir pour chacun dans la tasse
le moût joyeux qui scintille au soleil.
Vive le roi! Par la soupe ils terminent
et, dans le brouet versant le vin de fête
qui fait bon estomac, selon leur mode,
chacun à son écuelle hume la soupe au vin.

XXX

E 'm' acò pièi lou Brande de l'Eireto,
Sus lou trantai di barco, zóu! que drihe!
N'en vos de cant? Li fiho de Valènço
Sabon pas fai l'amour, li de Prouvènço
Lou fan la niue, lou jour... — Brinde à l'Angloro!
Cridè Guihèn; ièu, sènso n'en mai saupre,
Em' aquest moust di vigno ribassudo
Moun proumié beure es pèr la flour de Rose!
E moun segoun! es pèr lou Rose èu-meme
Que miraio la flour misteriouso!
E moun tresen es pèr lou soulèu cande
Que nous counvido à viéure dins la joio!
— Enfant, diguè Patroun Apian, la vido
Es un trafé coume aquèu de la barco :
A si bèu jour e si laid. En sagesso
Dins li risènt fau saupre se coundurre;
Dins li roumpènt fau ana d'aise. L'ome
Es na pèr lou travai : fau que navegue...
Me parlon pas d'aquéli tiro-l'aufo
Que soun jamai countènt! Aquéu que trimo,
Au bout dòu mes iè toumbo sa mesado;
Aquéu qu'a pòu de s'acampa d'ampoulo
Dins lou revòu dòu cativié cabusso.
I' a cinquanto an, au plus pau, que barqueje,

XXX

Ensuite un branle, la ronde de l'Airette[8],
qui sous les sauts fait chanceler les barques,
et des chansons : *Les filles de Valence*
sont molles en amour, les Provençales
le font, la nuit, le jour... — « Brinde à l'Anglore!
cria Guilhem; sans savoir davantage,
avec ce moût des vignes escarpées
mon premier brinde est pour la fleur du Rhône!
Et mon second, pour le Rhône lui-même
qui reflète en ses eaux la fleur mystérieuse!
Et mon troisième est pour le soleil clair
qui nous convie à vivre dans la joie! »
— « Enfants, dit le patron Apian, la vie
est un trajet pareil à celui de la barque :
elle a ses beaux, ses mauvais jours. Le sage,
quand les flots rient, doit savoir se conduire;
dans les brisants, doit filer doux. Mais l'homme
est né pour le travail, est né pour naviguer...
Qu'on ne me parle pas de ces lendores
que rien ne fait contents! Celui qui rame,
au bout du mois, il lui tombe sa paye;
et celui qui a peur des ampoules aux mains
fait le plongeon au gouffre de misère.
Sur les barques, depuis cinquante ans pour le moins,

E n'ai vist de la tèsto. Mai estime
Qu'entre l'Empèri, vès, e lou Reiaume,
Coume entre lou desaire e la cresènço,
Fau teni lou mitan. Avèn fa noço...
Eh! bèn, enfant, au bon Diéu renden gràci
E qu'au retour degun manque à la chourmo!

XXXI

— Vivo l'Angloro! — crido mai lou prince
Qu'a begu 'n cop d'aquéu bon vin de Rose.
E, lou soulèu prenènt la davalado
Darriè lou plan de Glun, darriè li serre
Qu'asoumbron dóu pounènt lou jas dóu flume,
La tirassiero emé si tèndo blanco
Jouiousamen, pasiblamen s'enfilo,
Pèr ana faire tòti sus Valènço
Que soun clouchiè, dins la lindo estendudo,
Lanço lou noum de sant Apoulinàri.

oui, j'en ai vu de toutes. Mais j'estime qu'il faut,
entre l'Empire et le Royaume,
comme entre abandon et outrecuidance,
tenir le milieu. On a festiné...
Eh bien, enfants, au bon Dieu rendons grâces
et qu'au retour nul ne manque à l'équipe! »

XXXI

— « Vive l'Anglore! » crie de nouveau le prince
qui a goûté à ce bon vin du Rhône.
Et, tandis que dévale le soleil
derrière le terroir de Glun, derrière les crêtes
qui ombrent au couchant le lit du fleuve,
le train nautique avec ses tentes blanches,
joyeusement, paisiblement défile,
pour aller faire escale sur Valence
dont le clocher, dans l'étendue limpide,
lance le nom de saint Apollinaire.

CANT QUATREN

LI VENICIANO

XXXII

Fai bon dourmi. Tant-lèu pamens l'aubeto
Fai tubeja la brumo o, coume dison,
La flour de l'aigo, sus lou cours dóu Rose
Au barcarés renais la boulegado
E di moulin nadant vai la baluto.
De soun vièi castelas entre li rouino,
Crussòu alin remèmbro encaro l'iro
Dóu Baroun dis Adré : quand, touto pleno
Dóu sang di Catouli que sagatavo,
Faguè, s'es vertadié ço que se conto,
Bagna si fiéu amount dins la citerno
Pèr i' ancra dins lou cor soun ahiranço.
Antan nis de baroun, vuei nis de nible.
Sus la segoundo nau mounto à Valènço

CHANT QUATRIÈME

LES VÉNITIENNES

XXXII

Dormir est bon. Pourtant dès que l'aurore
fait monter en fumée la brume ou, comme on dit,
la fleur de l'eau, sur le cours du Rhône
renaît au port le mouvement
et des moulins flottants va le bluteau.
Parmi les ruines de son vieux château fort,
Crussol dans le lointain remémore encore l'ire
du Baron des Adrets : quand, toute pleine
du sang des Catholiques égorgés,
il fit, si les récits sont véridiques,
baigner ses fils là-haut en la citerne,
pour leur ancrer sa haine dans le cœur.
Antan nid de barons, aujourd'hui d'éperviers!
Sur la seconde nef monte à Valence

Un bèl eissamenoun de dono gaio,
Cabeladuro en l'èr, bloundino o bruno,
Souto si gràndi pienche à rèst de perlo,
Emé dous cavalié que van em' éli,
Souto lou bras d'estrumen de musico,
Tambour de basco e vióuloun e mandorro.
Tout acò ris, jargouno e cacalejo
En s'entravant li pèd dins la barcado
I mouloun de balot de touto merço
Qu'un vòu de porto-fais empielon dintre.
Li negouciant, grèu, permenant sa buerbo
Ounte brusisson li cachet de mostro
Sus sa pecùni au centuroun rejouncho,
Dóu cargamen survihon l'estivage.

XXXIII

Mai la rigo s'esmòu. — A la desciso!
A crida lou patroun e, la man drecho
Levado sus lou Rose, tau qu'un prèire
Qu'envoco de l'Autisme l'auto sousto,
Se signo, e li batèu, de l'un à l'autre,
Prenènt lou fiéu de l'aigo aloubatido,
S'endraion au mitan dóu large flume
Que li porto lóugié coume uno fueio.
Engaiardi pèr lou gentun di dono
Que dins sa lengo aqui fan si gaugaio,

un beau petit essaim de dames gaies,
la chevelure en l'air, blondine ou brune,
sous leurs grands peignes à rangées de perles.
Deux cavaliers vont avec elles,
instruments de musique sous le bras,
tambour de basque et violon et mandore.
Tout cela rit, jargonne et jase,
en s'empêtrant les pieds dans la navée
à l'amoncellement des ballots de tout genre
qu'un tas de portefaix empile à bord.
Les négociants, lourds, promenant leur ventre
où les breloques de montre bruissent
sur leur pécune serrée au ceinturon,
du chargement surveillent l'arrimage.

XXXIII

Mais le convoi se meut : — « A la descise! »
a crié le patron; et, la main droite
élevée sur le Rhône, — tel un prêtre
invoque du Très-Haut la protection, —
il se signe, et les barques, prenant de l'une à l'autre
le fil de l'eau vorace, impétueuse;
gagnent vers le milieu du fleuve large
qui les porte légères comme feuilles.
Émoustillés par l'agrément des dames
qui en leur langue bruyamment s'ébaudissent,

Li gros marchand ié viron, ié reviron
A l'entour, coume autour de la ratiero
Ounte soun embarrado quàuqui furo
Un cataras virouio, l'iue alabre.
Es fres lou tèms; lou vènt-loumbard que boufo
Escarrabiho e bouto au cor la joio.
Un Liounés vèn s'aflata di bello:
— Aquèli fin mourroun sarien d'Itàli?
— Si, segnour, ié respondon, de Veniso,
La vilo di cansoun e di goundolo.
— E mounte van d'aquéu trin? — A Bèu-Caire.
— Anas leva cabano de peteto?
— Oh! pesqui pas: belèu de galo-luno. —
E se fai couneissènço. Li segnouro
Van i cafè canta si serenado.
Li negouciant van faire si negòci:
Di basar dóu Levant, de si foundegue,
Di coumerçant de Tùnis e de Nimes,
Di censau de Marsiho e de Narbouno,
Di boutiguié d'Alès, d'Uzès e d'Agte,
Di bigatié qu'aduson o qu'emporton
Pèr lou Camin de la Rèino Gileto,
Dis Auvergnas, di Limousin de Tulo
Que dóu Camin Regourdan ié descèndon,
Argènt tintin, van emboursa li dito
Qu'en fiero de Bèu-Caire à jabo toumbon.
Un mes de tèms se vai mena grand roio...
E n'en saran, li bèlli cantarello,
Es entendu, se noun ié desagrado
Un brèu de passo-tèms. Li bràvi dono,

les gros marchands autour d'elles tournoient,
comme autour de la souricière
où sont emprisonnées quelques souris
tourne et retourne un matou, l'œil avide.
Le temps est frais; le vent lombard¹ qui souffle
rend gaillard et dispos et met au cœur la joie.
Un Lyonnais s'avance auprès des belles :
— « Ces fins minois seraient-ils d'Italie? »
— « Si, seigneur, répondent-elles, de Venise,
la ville des chansons et des gondoles. »
— « Et où va-t-on de ce train? » — « A Beaucaire. »
— « Lever peut-être boutique de poupées? »
— « Oh! que nenni : plutôt de gobe-mouches. »
Et l'on fait connaissance. Les donzelles
vont aux cafés chanter leurs sérénades.
Les négociants vont faire leurs négoces :
des bazars du Levant, de ses fondiques²,
des commerçants de Tunis et de Nîmes,
des courtiers de Marseille et de Narbonne,
des boutiquiers d'Alais, d'Uzès et d'Agde,
des muletiers qui charrient ou emportent
par le Chemin de la Reine Gillette³,
des Auvergnats, des Limousins de Tulle
qui y descendent par la Voie Régordane⁴,
ils vont, argent sonnant, encaisser les effets
qui tombent drus en foire de Beaucaire.
On va mener tout un mois grande vie...
Et les belles chanteuses y auront part,
c'est entendu, si leur est agréable
un brin de passe-temps. Les chères dames,

Èli nimai, tirasson pas lou tèdi ;
E la drihanço ounèsto ni lou rire
Ni lou balun soun pas pèr iè desplaire...
Acò fai pas, moun Diéu, èstre panturlo!
Mai an mestiè de faire bono fiero,
Qu'à viageja pèr mountagno e pèr coumbo,
S'entre-teni, paga la couloufòni,
Patin, coufin, se fai de grand despènso.
Mai li bourgés, un cop liuen de si femo,
Couchon pas lou merlus — e se relargon,
En parlant sèns respèt, coume de gòrri
Qu', uno fes alanda pèr la carriero,
Tènon, coume se dis, touto l'andano...
E n'en voulès de cacalas!

XXXIV

— Empèri!
Coumando lou patroun fasènt lis usso.
A vist veni, sus la man drecho, uno isclo
Que van rasant, neissènto e graveirouso.
Mai au Caburle, aquito, de que parlon?
D'aquéli bèlli dono qu'à Valènço
Vènon de s'embarca. Jóusè Ribòri,
Entre si dènt tout moussigant sa chico,
Vèn coume eiçò : — Lou couneissès, Mèste Èime,
Qu'au trepadou m'a touca la paleto...
N'es pas un ome à counta de gandoueso.

elles non plus, ne traînent pas l'ennui;
et le déduit honnête ni le rire
ni le danser ne leur déplaisent point...
Cela, mon Dieu, ne fait pas gourgandine!
Mais elles ont besoin de faire bonne foire,
car à trôler ainsi et par monts et par vaux,
pour l'entretien et pour la colophane,
et ceci et cela, il y va de grands frais.
Mais les bourgeois, sitôt loin de leurs femmes,
au diable la lésine! Ils s'élargissent,
révérence parler, tels que pourceaux
qui, une fois relâchés par la rue,
tiennent, comme il se dit, toute l'allée...
Et de rire aux éclats!

XXXIV

— « Empire! »
commande le patron en fronçant les sourcils.
Il a vu émerger, sur la main droite, une île
qu'on va rasant, naissante et graveleuse.
Mais, à bord du Caburle, on y parle, de quoi?
des belles dames, celles qui à Valence
viennent de s'embarquer. José Ribory,
pendant qu'il mâche entre ses dents sa chique,
commence donc : — « Vous connaissez Maître Eyme
qui au ponton m'a topé dans la main...
Il n'est pas homme à conter des sornettes.

Sabès ço que m'a di ? qu'entre li damo
Qu'avèn aqui-darrié fusènt si folo
l' a la Duquesso de Berri. — Talounes ?
— Nàni, taloune pas. — Dèu èstre aquelo
Qu'a li frisoun tant negre e d'iue que traucon.
— Noun, noun, dèu èstre aquelo capeludo
Que ié lusis, au cresten de sa pienche,
De gròssi perlo d'or. — Ah ! pas mai ! — Bougre !
Noun sarié pas aquelo bloundinello
Que jogo dóu ventau e fai que rire ?
— Coumprenès bèn, anen, diguè Ribòri,
Qu'uno persouno ansin, uno princesso
Que vòu recounquista, riboun-ribagno,
Lou trone de soun fiéu, noun es proun simplo
Pèr se douna tant lèu à recounouisse !
— Mai d'aquéu vanc ounte anarié ? — Bèu nèsci !
Sabès dounc pas qu'avau en terro d'Arle,
Vers lou Grand Clar, dins li palun de Cordo,
Soun belèu milo o dous milo escapoucho
Que, noun voulènt servi de ges de modo
Lou gau-galin, bivacon sus la sagno ?
— Li palunié, li desertour, vos dire ?
— Li palunié, li cassadou d'iruge,
Lis insoumés de la Galejouniero,
Lis enfourniau ferouge dóu terraire
Que, dins li trantaiero e dins li toumple
De si palun fougouso e negadisso,
Tènon couta li Blu que li secuton...
Eh ! la vaqui, l'armado touto lèsto
De la Duquesso ! — Que n'en dis lou prince ?

Savez-vous bien ce qu'il m'a dit? Qu'entre les dames
qui là, derrière nous, font leurs follettes,
est la duchesse de Berri. » — « Tu bouffonnes? »
— « Je ne bouffonne pas. » — « C'est celle-là sans doute
qui a les frisons noirs, des yeux qui percent. »
— « Non, non, ce doit être cette huppée
qui porte reluisantes, au sommet de son peigne,
de grosses perles d'or. » — « Tant s'en faut! » — « Bougre
serait-ce pas cette jolie blondine
qui joue de l'éventail et qui est si rieuse? »
— « Allons, dit Ribory, il faut comprendre
qu'une personne telle, une princesse
qui veut reconquérir, coûte que coûte,
le trône de son fils, n'est pas simple à ce point
de se donner si vite à reconnaître! »
— « Mais de ce train où irait-elle? » — « Beaux nigauds!
vous ne savez donc pas qu'aval, en terre d'Arles,
vers le Grand Clar, dans les *paluds* de Cordes,
sont mille sacripants, peut-être bien deux mille,
qui, ne voulant servir en aucune façon
de *coquâtres*, bivouaquent sur les joncs? »
— « Les paludiers, les déserteurs, veux-tu nous dire? »
— « Les paludiers, les chasseurs de sangsues,
les insoumis de la Galéjonière[6],
les oiseaux du terroir drus et farouches
qui, dans les prés crouliers et fondrières
de leurs marais touffus et inondés,
tiennent là en échec les Bleus qui les pourchassent...
Ah! la voilà, toute prête, l'armée
de la Duchesse! » — « Mais qu'en dit le prince? »

XXXV

— *Dise qu'en tau parage rèn m'estouno :*
Dins lou clarun d'aquesto vau superbo,
Souto li tibanèu de vòsti barco
Resquiharello au gai courrènt de l'oundo,
Metès-ié de princesso, de papesso,
D'emperairis o, se voulès, de fado,
En vestimen d'azur, d'or e de pourpro,
Tout acò bèu ié trèvo sus la visto,
Autant vivènt, autant verai e lèime
Coume nous-autre eici que l'aigo emporto!
Vesès de flourdalis? léu vese, fraire,
La flour de Rose eila que se souleio
Vers lou Miejour ounte anan... Que, Jan Rocho?
N'i'a pèr long-tèms encaro? Me languisse.
— *Acò se me venias manja ma soupo?*
Respoundeguè lou prouvié. — *Pren-te gardo!*
Lis ome de l'empento ié cridèron.
— *Hòu! lou soulèu es pas leva pèr tóuti?*
Sian pas jalous. L'Angloro, fau que fugue
L'estello liuencho ounte degun adeso
E que fai lume en tóuti nòsti barco...
D'aquest moumen, sabès pas? se penchino,
Revertigueto e gènto, sus la dougo,
Lou péu engrafouli pèr li boufado

XXXV

— « Je dis que rien, en ce parage, ne m'étonne :
dans la splendeur de cette vallée claire,
sous les pavillons de vos barques
qui vont glissant au gai courant de l'onde,
mettez-y des princesses, des papesses,
des impératrices, des fées,
en vêtements d'azur, d'or et de pourpre,
toute cette beauté y flotte à la vision,
aussi vivante et légitime et vraie
que nous-mêmes, ici, que l'eau emporte !
Vous voyez, dites-vous, des fleurs de lis ? Moi, frères,
je vois la fleur de Rhône, là-bas, dans le soleil
de ce Midi où nous allons... Jean Roche,
y en a-t-il encore pour longtemps ? Il me tarde... »
— « Çà, vous ne viendrez pas manger ma soupe ? »
repartit le prouvier. — « Prends garde ! »
lui crièrent les hommes du timon.
— « Peuh ! le soleil n'est-il pas levé pour tous !
Nous ne sommes pas jaloux. L'Anglore doit être
l'étoile lointaine où n'atteint personne,
l'étoile qui brille pour toutes nos barques...
Or, savez-vous ? en ce moment elle se peigne,
sémillante et charmante, sur la berge,
la chevelure ébouriffée au souffle

*Dóu fuiarèu que furno dins li fueio.
— De la desembouia dins li sauseto,
Amariés miès acò, parai? gaiofre,
Ajustèron lis ome de la rigo,
Que d'empegne la barro, que? — Reiaume!
Cridè Patroun Apian; e d'uno buto,
Revirant lou gouvèr tóutis ensèmble,
S'èron remés valènt à la manobro.*

XXXVI

*— Prince, coume disias, sus la ribiero
Tout pòu se vèire : es lou roudan dóu mounde,
Faguè lou vièi patroun. Tenès, lou papo :
Tout abiha de blanc, emé sa dèstro
Que nous benesissié de soun carrosso,
L'avèn pas vist dos fes? Uno, pecaire,
Quand presounié l'avien tira de Roumo,
Qu'eilamoundaut à Paris lou menavon
E que pièi, dóu desfèci e dóu lassige,
Venguè mouri pèr camin à Valènço;
L'autro, quand Bonaparte pèr soun sacre
Lou mandè querre e, de bon grat o luerdre,
Fauguè mai que marchèsse... Bonaparte!
Aquel inressaciable de counquisto
Que, nous envertouiant à sa fourtuno,
Nous avié fa tant liuen tibla la guèto*

de la brise des bois qui fouille dans les feuilles. »
— « Lui débrouiller les cheveux dans les saules,
tu aimerais mieux ça, n'est-ce pas? vaurien,
ajoutèrent les hommes de la *rigue*,
que pousser à la barre, hein? » — « Royaume! »
cria Patron Apian; et retournant
le gouvernail en un coup, tous ensemble
s'étaient remis vaillants à la manœuvre.

XXXVI

— « Ainsi que vous disiez, prince, sur la rivière
tout peut se voir : c'est l'ornière du monde,
reprit le vieux patron. Tenez, le pape :
tout habillé de blanc, et sa main droite
qui nous bénissait hors de son carrosse...
Ne l'avons-nous pas vu deux fois? Une, le pauvre!
lorsque, enlevé de Rome et prisonnier,
on l'emmenait par là-haut à Paris
et qu'ensuite, de chagrin et de fatigue,
il vint mourir en chemin à Valence;
l'autre, quand Bonaparte pour son sacre
l'envoya prendre et que, de bon gré ou de force,
il lui fallut marcher derechef... Bonaparte!
Oh! cet insatiable de conquêtes
qui, nous enveloppant à sa fortune,
nous avait fait si loin tendre la guêtre

E tant de tèms estrassa la cartoucho,
Que tant de couscricioun i chapladisso
Èu avié coussaia, febre-countùnio,
Que li nacioun disien : « Fau que li vaco,
Dins lou païs de Franço, fagon d'ome! »
Eh! bèn, se vous disiéu que, sus la ribo
Aqui dóu Rose — ounte lusis la routo,
Aquéu grand ome, aquéu foudre de guerro,
A la desfacho, l'avèn vist coundurre
Coume un paciènt, despoudera, tout marfe!
Lou menavon alin à l'isclo d'Èubo...
Lou generau Bertrand dins la veituro
Èro asseta contro éu : la gaugno palo,
Un foulard jaune à l'entour de si tempe,
Éu, l'emperaire aiér de tant de pople,
Vuei renega di siéu, de si menistre,
De tóuti si catau que l'encensavon,
Davalavo au galop... Quand me rapelle!

XXXVII

I' avié de femo, — anea, de malurouso, —
Que, sis enfant estènt mort au service,
Dóu camin ié quilavon : « Manjo-mounde!
Rènde-me-lou, moun fiéu! » Dins li vilage,
Li pèd-terrous, quichant i det, terrible,
Un escut de cinq franc, pèr lou couneisse,

et si longtemps déchirer la cartouche,
lui qui avait lancé, d'arrache-pied,
tant de conscriptions aux tueries
que les nations disaient : « Faut que les vaches,
« dans le pays de France, fassent des hommes! »
Eh bien! le croirez-vous, que sur la rive
du Rhône, là où luit la route,
lui, ce grand homme, ce foudre de guerre,
à la défaite, nous l'avons vu conduire
comme un patient, désemparé, tout veule!
On l'emmenait au loin, à l'île d'Elbe...
Le général Bertrand était, dans la voiture,
assis à son côté : la joue blafarde,
un foulard jaune à l'entour de ses tempes,
lui, l'empereur hier de tant de peuples,
aujourd'hui renié des siens, de ses ministres,
de tous ses matadors qui l'encensaient,
descendait au galop... Je m'en souviens!

XXXVII

Il y avait des femmes, — allons, des malheureuses, —
qui, leurs enfants étant morts au service,
du chemin lui criaient : « Mangeur de monde!
« rends-moi mon fils! » Dans les villages,
les paysans, pressant aux doigts, terribles,
un écu de cinq francs pour le connaître,

*Lou poung en l'èr, ié bramavon : « A Rose
Lou castagnié! lou toundu! » Miserable!
Fasié freni... Mai dins sa desfourtuno
Agamouti, mut, tau qu'un Ecce-Homo,
Èu regardavo eilalin, coume un ladre,
Lou Rose qu'à la mar s'anavo perdre.
A-n-un relais de posto, dins la mudo
Que se fai di chivau, espeloufido,
Lou coutèu à la man, uno oustaliero
Qu'èro à sa porto saunant un poulastre :
« Ha! cridè coume acò, lou sacre moustre,
Se lou teniéu aqui! Dins la courniolo
Iéu ansin ié plantèsse ma coutello! »
Couneissié pas l'emperaire. Èu s'avanço :
« Que vous a fa? » ié vèn. — « Aviéu dous drole,
Respond la maire en dòu que s'engalino,
Dous drole bèu, que semblavon dos tourre!
Me lis a fa peri dins si batai?. »
— « Noun periran si noum dins lis estello,
Napouleon ié dis em' un founs triste;
Pousquèsse-iéu èstre toumba coume éli!
Soun mort pèr la patrio au champ de glòri. »
— « E quau sias, vous? » — « Iéu, dis, siéu l'emperi.
Ai! bono femo! (vous demande, prince!)
D'ageinouioun à si pèd, esperdudo,
Ié beisè lèu li man, pauro marrido,
Ié demandant perdoun, touto en lagremo. —*

poing en l'air, braillaient ainsi : « Au Rhône
le *châtaignier!* le *tondu!*⁷ » Misérables!
la faisait frémir... Mais dans son infortune,
terré, silencieux, tel qu'un Ecce-Homo,
i regardait là-bas, comme insensible,
Rhône qui allait se perdre dans la mer.
un relais de poste, au changement
 chevaux qui a lieu, les cheveux hérissés,
 couteau à la main, une hôtelière
ignant une volaille sur sa porte
oféra ce cri : « Ha! le sacré monstre,
si je le tenais là! En pleine gorge
pussé-je ainsi lui planter mon couteau! »
empereur, d'elle inconnu, s'avance d'elle :
Que vous a-t-il donc fait? dit-il. — « J'avais deux fils, »
pond la mère en deuil qui se courrouce,
deux beaux garçons, taillés comme deux tours!
Il me les fit périr dans ses batailles. »
« Leurs noms ne périront pas dans les astres! »
ıpoléon lui dit avec tristesse;
Et que ne suis-je, moi, tombé comme eux!
ar ils sont morts pour la patrie au champ de gloire. »
« Mais vous, qui êtes-vous? » — « Moi? je suis l'empereur.
e! bonne femme! (je vous demande, prince!)
genoux à ses pieds, aussitôt, éperdue,
pauvre mère lui baisa les mains,
i demandant pardon, et toute en larmes. » —

XXXVIII

E Mèste Apian se derroumpènt : — Empèri!
Cridè subran en s'eissugant li ciho
Lou capèu à la man, ah! boutas! d'ome,
Pèr n'en trouva 'n segound d'aquelo estampo,
Faudrié courre! — Avisas-vous, li móussi!
Chamon li radelié d'un trin de fusto
Que vai floutant pèr lou mitan dóu Rose.
— D'ounte vèn lou radèu, gourrin? — D'Isero.
— Avès uno lignado, aqui, famouso!
— N'i'a pèr vint milo franc. — Bos de marino?
— Vai à Touloun... Espinchas quénti pège!
Falié li vèire, au soum de la mountagno,
Quand boumbissien dins lis escoulanchouiro,
Avans qu'èstre enliama pèr li redorto!
Avèn de sap, aqui, de fau, de roure,
Qu'an belèu dous cènts an, sènso trop dire...
Acò vèn dóu Vercors, di Terro Frejo,
Di bouscarasso de la Grand Chartrouso,
Amount dóu tron de Diéu! — De bèlli pèço...
Anessias pas turta contro li pielo
Dóu Pont Sant-Esperit! — N'i'aurié pèr tóuti,
Car es pas di que lou pont noun sautèsse...
A l'empento! à l'empento! — Adessias, brodo!
— Adessias, galavard!

XXXVIII

Et Maître Apian s'interrompant : — « Empire! »
s'écria-t-il soudain en s'essuyant les cils,
le chapeau à la main. « Ah! en fait d'homme, allez,
pour trouver son second de cette frappe,
on pourrait bien courir! » — « Prenez garde, les mousses! »
hèlent les radeliers d'un train de bois
qui va flottant par le milieu du Rhône.
— « Et d'où vient le radeau, fainéants? » — « De l'Isère. »
— « Vous avez là un flottage fameux! »
— « Oui, pour vingt mille francs. » — « Bois de marine? »
— « C'est pour Toulon... Regardez quels troncs d'arbres!
Mais il fallait les voir, en haut de la montagne,
lorsqu'ils bondissaient aux couloirs des pentes,
avant que d'être reliés par les harts!
Nous avons des sapins, là, des hêtres, des rouvres,
qui ont peut-être deux cents ans, sans trop dire...
Cela vient du Vercors, des Terres-Froides
et des futaies de la Grande-Chartreuse,
du tonnerre de Dieu! » — « De belles pièces...
Mais n'allez pas heurter contre les piles
du Pont-Saint-Esprit! » — « Il y en aurait pour tous,
car il n'est pas dit que le pont ne saute...
À la barre! à la barre! » — « Adieu, les Allobroges! »
— « Adieu, les goinfres! »

XXXIX

Mai sus là tuerto
Soun mai groupa Jan Rocho emé lou prince :
— Sabès? vous ié faudra paga sa fiero,
A la pichoto Angloro, aquesto vòuto...
— De-bon? creses que vèngue, elo, à Bèu-Caire?
— Eto! vers li marchand fau bèn que vèngue
Chabi soun escachoun de pampaieto!
— Vogo toujour! d'aquelo grand Naturo
Que desempièi Lioun nous embelino,
A iéu me plais de saluda dins elo
La primo-flour, la rèino naturalo.
— Segnour, à dicho que vers sa presènci
Nous abasan, anas, de lono en lono,
Vèire lou flume espalarga si ribo
E lis amour faire si cabusseto.
Leissas passa lou Cengle emé sa tourre
Que, maladito, eila vèses que pènjo,
Despièi qu'is Uganaud li couventialo
Un cop ié durbiguèron si grasiho;
Pièi Charme, e Bèu-Chastèu mounte lou Rose.
Recava pèr l'Eiriéu, tant s'aprefoundo;
E Pèiro-Gourdo e Sant-Laurèns de Papo,
Em'alin li Ceveno... De la Vòuto
Anan franqui lis isclo verdoulènto

XXXIX

　　　　　　　Mais devers la proue
se sont retrouvés Jean Roche et le prince :
— « Savez-vous? il faudra que vous payiez sa foire
à la petite Anglore, ce voyage... »
— « Vraiment? tu crois qu'elle vienne à Beaucaire? »
— « Parbleu! chez les marchands il faut bien qu'elle vienne
vendre sa cueillette de paillettes d'or. »
— « Voguons toujours! de la grande Nature
qui depuis Lyon nous fascine,
ce m'est un charme de saluer en elle
la prime fleur, la reine naturelle. »
— « A mesure, seigneur, que devers sa présence
nous dévalons, de lone en lone [8],
vous allez voir le fleuve rélargir ses rives
et les amours y faire leurs plongeons.
Laissez passer le Cengle avec sa tour maudite
que vous voyez pencher, là-bas,
depuis qu'aux Huguenots certaines nonnes
ouvrirent une fois leurs grilles ;
puis Charmes, et Beauchastel, où le Rhône,
affouillé par l'Eyrieu, a tant de profondeur ;
et Pierregourde, et Saint-Laurent-du-Pape,
et au loin les Cévennes... De la Voulte
nous franchirons tantôt les îles verdoyantes,

Que i'abiton li vibre cmé li lùri,
Em'aquelo qu'apellon Pren-te-gardo!
Veiren Cruas, Rocho-Mauro la negro,
E mandaren l'amarro au port d'Ancouno. —

XL

Au port d'Ancouno an pas quicha l'anchoio
Que tourna-mai se cargo, zóu que n'i'ague...
Mai coume acò sènt bon! sus lou Caburle
An embarca vint saco de vióuleto
Que porton à Bèu-Caire : es la culido
Que s'es facho au Mezenc, à Santo-Aulaio,
Emai vers lou Grand-Serre e la Vau-Droumo.
D'aquelo secarié de canitorto
Lou Rose tout entié lèu se perfumo.
Sus la maire dóu Rose pleno d'isclo
Jito si rai tebés la souleiado,
Sus li revòu que trelusènt virouion
E l'un dins l'autre en rebouiènt se perdon,
Sus li bousquet d'ounte lis aubo sorton
Emé si trounc cambaru que blanquejon,
Redoun e lisc, coume dirias li cueisso
De quauco ninfo o divesso giganto.
Di segounau verdejon li broutiero;
Dins li canié li rèsso-sagno en noumbre
Fan « tiro! sarro! » I calanc que s'aliuenchon

hantées par les castors et par les loutres,
et celle aussi qu'on nomme *Pren-té-garde!*...
Puis nous verrons Cruas, Rochemaure la Noire,
et nous jetons l'amarre au port d'Ancone. »

XL

Au port d'Ancone, à peine ont-ils mangé l'anchois
qu'on charge de nouveau, vlan sur le tas...
Mais que cela sent bon ! sur le Caburle
ils ont embarqué vingt sacs de violettes
qu'on portera aussi à Beaucaire : récolte
qui s'est faite au Mézenc et à Sainte-Eulalie
ou soit vers le Grand-Serre ou la Val-Drôme.
De cette sécherie de la fleur au col tors
le Rhône tout entier aussitôt se parfume.
Au lit du Rhône semé d'îles
le soleil jette ses rayonnances tièdes,
sur les tourbillons qui tournoient brillants
et l'un dans l'autre en bouillonnant se perdent,
et sur les bosquets d'où sortent les *aubes*[9],
avec leurs troncs à haute tige, blancs,
ronds et polis, comme on dirait les cuisses
de quelque nymphe ou déesse géante.
Des *ségonaux*[10] verdoient les oseraies;
dans les cannaies, nombre de rousseroles[11]
poussent leur cri strident. Aux falaises lointaines

O se raprochon en taiant la ribo,
Li capoun-fèr tamison à grand ciéucle
O radon li faucoun sus lis auturo.
Entre li bord amudi, soulitàri,
Pacifico descènd la longo floto
Qu'à soun entour es talo l'avalido
E talamen es vaste lou silènci
Qu'à milo lègo sèmblo liuen dóu mounde.

XLI

Napo d'arcié, li lònguis aigo morno
Menon la som e l'embriagadisso.
Souto lou tibanèu de la grand barco
Lou prince fai miejour. Oh! vido bello!
Jasènt dins sa flassado à raio roujo
Ounte es brouda lou Cor d'argènt d'Aurenjo,
L'iue mita claus, vèi dins l'azur di lono
Se miraia li pibo loungarudo
Que van fugènt emé li frais, li vege,
Li caladat, li paliero, lis auve.
Atrevari, tout resquihant sus l'oundo,
Vèi peramount, que passon à la filo,
Li castelas coulour d'or, li tourrello,
Memouratiéu di tempourado liuencho,
De si fatorgo en tout meravihouso!
Sènt l'infini bonur d'èstre deliéure
Di causo vano e mèco de la vido.

ou qui, taillant la rive, se rapprochent,
les vautours fauves décrivent de grands cercles
ou planent les faucons sur les hauteurs.
Entre les bords amuïs, solitaires,
pacifique descend la longue flotte,
et autour d'elle s'épand la vue si loin
et tellement est vaste le silence
qu'elle semble être à mille lieues du monde.

XLI

Nappe d'acier, les eaux longues et mornes
amènent le sommeil, presque l'ivresse.
De la barque majeure sous la tente
le prince fait la sieste. Oh! belle vie!
Couché dans sa mante à rayures rouges
où est brodé le Cor d'argent d'Orange,
et l'œil mi-clos, il voit dans l'azur des lagunes
se mirer les hauts peupliers
qui vont fuyant avec les frênes, les osiers,
les digues empierrées, les palées, les javeaux.
Ensommeillé, tout en glissant sur l'onde,
il aperçoit là-haut, qui passent à la file,
les châteaux couleur d'or et les tourelles,
mémoratifs des époques lointaines,
de leurs légendes féeriques, merveilleuses!
Et il sent le bonheur infini d'être libre
des vanités, des inepties de l'existence.

Un dous pantai d'amour l'envahis : sounjo
A l'Èvo incouneigudo que l'espèro
En quauco part, lou cor en flour, souleto,
E qu'aura fe belèu dins sa paraulo,
Se'n-cop ié dis que la vòu. E trelimo
D'embessouna sa vaigo jouventuro
Au nouvelun de la bello ninoio
E de se perdre em'elo dins li tousco,
Bevènt l'óublit de tout lou rèsto em'elo.

XLII

Tou-en-un-cop li son d'uno musico
Sus l'autro barco eila-larrié s'enauron,
E de voues clarinello, armouniouso,
Veici que fan chala l'emplun dóu flume.
Li Veniciano, aurias di tres Sereno,
Alegramen eiçò poulit cantavon :

  De-long de la marino
  En se lavant li pèd,
  A la bello Nourino
  Soun anèu i'escapè.

  Vèn à passa 'n pescaire
  Que vai dins soun barquet
  E bourjo de tout caire
  Pèr empli soun saquet.

Un doux rêve d'amour l'envahit : il songe
à l'Ève inconnue qui l'attend
quelque part, le cœur en fleur, seulette.
Elle aura foi peut-être en sa parole,
s'il lui fait un jour son aveu. Et il tressaille
de jumeler le nonchaloir de sa jeunesse
au renouveau de la belle ingénue
et de se perdre au bocage avec elle,
avec elle buvant l'oubli de tout le reste.

XLII

Les sons d'une musique tout à coup
sur l'autre barque là derrière s'élèvent ;
et voici que des voix harmonieuses, claires,
font délecter l'amplitude du fleuve.
Les Vénitiennes, on eût dit trois Sirènes,
chantaient allégrement cette chanson jolie :

> *Sur le bord de la mer,*
> *En se lavant les pieds,*
> *A la belle Norine*
> *Échappa son anneau.*
>
> *En mer un pêcheur passe*
> *Qui va dans sa nacelle*
> *Et de tout côté fouille*
> *Pour emplir son sachet.*

— Pescaire à barbo bloundo,
Pèr tu i'a 'n bèu flourin,
Se me pesques dins l'oundo
Moun aneloun aurin. —

Se trais dins la marino
Lou pescaire aflamba :
— Vaqui, bello Nourino,
L'anèu qu'avias toumba. —

Sa bourso elo desblouco :
— Veici toun pagamen.
— Un poutoun sus li bouco,
Vole rèn autramen.

— De-jour noun se poutouno,
Que nous veirié quaucun.
— De-niue souto la touno
Nous couneira degun.

— Mais la luno clarejo
Amount dins lou cèu grand.
— Dins lou bos que soumbrejo
Mi bras t'amagaran.

— La roso qu'ai au jougne
Vai chanja de coulour.
— Au rousié fau se pougne,
Avans que toumbe flour.

— « *Pêcheur à barbe blonde,*
Un beau florin pour toi,
Si dans l'onde tu pêches
Mon petit anneau d'or. »

Dans la mer il se jette,
Le pêcheur enflammé :
— « *Voilà, belle Norine,*
L'anneau tombé par vous. »

Elle délie sa bourse :
— « *Voici ton payement.* »
— « *Un baiser sur les lèvres,*
Rien autre je ne veux. »

— « *De jour nul ne se baise,*
Car nous verrait quelqu'un. »
— « *De nuit sous la tonnelle*
Nul ne nous connaîtra. »

— « *Mais la lune illumine*
Là-haut dans le ciel grand. »
— « *Dans le bocage ombreux*
Mes bras te cacheront. »

— « *De mon corset la rose*
Va changer de couleur. »
— « *Au rosier piquons-nous,*
Avant que la fleur tombe. »

— Laisso-m'esta, pescaire,
Qu'ai pòu dóu miéu marit !
— Iéu noun lou cregne gaire,
A bèu èstre marrit !

Sus moun batèu que lando
Nous raubaren au fres,
Car siéu prince d'Oulando
E noun ai pòu de res.

— Oh ! la flamo cansoun ! bello Veniso !
Vai murmurant lou prince que pantaio
Entre-dourmi sus la nau, barqueirolo
Qu'à la vesprado mounton di Placeto,
Dóu Grand-Canau silencious e dóu Lido,
Oh ! bressas-me dins ma beatitudo !
E plus de pensamen, qu'es la sagesso
De se leissa pourta sus l'aigo folo
A la gràci de Diéu, coumo lou ciéune
En rejougnènt la tèsto souto l'alo. —
Li dono veniciano soun pas nèscio :
Sabon deja qu'un prince vogo em'éli
E calon si fielat dins l'oundo bluio
En cantant la cansoun dóu rèi d'Oulando.
Mai acò 's un fin pèis, e veiren vèire
S'enlabrena pèr éli, tèsto-pouncho
Éu vai passa pèr iuc o bèn pèr maio.

— « Laisse-moi donc, pêcheur!
J'ai peur de mon mari. »
— « Moi je ne le crains guère,
Si méchant serait-il!

Sur mon bateau qui file,
Viens, je t'enlève au frais,
Car, prince de Hollande,
Je n'ai peur de personne. »

— « Oh! la fière chanson! belle Venise! »
va murmurant le prince dans le rêve
de son demi-sommeil, « ô barcarolles
qui montent des *Piazzette* à la vesprée,
du Grand-Canal silencieux et du Lido,
oh! bercez-moi dans ma béatitude!
Et plus de lourds pensers, car la sagesse,
c'est se laisser emporter sur l'eau folle
à la grâce de Dieu, comme le cygne,
en repliant la tête sous son aile. »
Les dames vénitiennes, point naïves,
savent déjà qu'un prince vogue en leur compagnie,
et elles tendent leurs rets dans l'onde bleue
avec la chanson du roi de Hollande.
Mais, fin poisson qu'il est, nous verrons bien
si, fasciné par elles, il va, tête première,
sombrer dans le filet ou passer par les mailles.

CANT CINQUEN

L'ANGLORO

XLIII

Dóu tèms qu'ansin davalo lou Caburle,
De liuen en liuen crousant d'uno autro tiero
Lis equipage amaiant que dóu Rose
Remounton lou courrènt, en visto fuson
E coumbo e piue : lou Roubioun qu'enfre terro
Bagno Mountelimar ; pièi lis ancoulo
De la grand glèiso amount apountelado
Sus lou ro de Viviès ; vers l'autro ribo
Lou toumple dóu Gourg Nièr — que, pèr Calèndo,
Un cop pèr an se i'auson li campano,
A miejo-niue, de l'abadié de mounjo
Que fuguè dins lou tèms aprefoundido.
Emé lou castelas qu'èro à dre d'éli,
Pèr un ouide cava souto lou flùvi,

CHANT CINQUIÈME

L'ANGLORE

XLIII

Pendant que le Caburle ainsi dévale,
croisant de loin en loin quelque autre file
dont l'équipage en marche remonte le courant
du Rhône, à la vue passent
vallées et puys : le Roubion, dans les terres,
baignant Montélimar; après, les contreforts
de la grande église arc-boutée là-haut
sur le roc de Viviers; vers l'autre rive
le gouffre de Gournier — où, quand vient la Noël,
une fois par an, s'entendent les cloches,
au coup de minuit, du couvent de nonnes
qui au temps passé y fut englouti.
Avec l'ancien château qui était vis-à-vis,
par un souterrain creusé sous le fleuve,

Se dis qu'avien trevanço. — Aviso! aviso!
Lou timounié subran dounant l'estorso,
An rasclà l'agacin de Malo-Mousco.
Rapido, la calaumo intro à la cluso,
Estrecho e redoutablo, de Dounzero,
Ounte, en passant, ferouno lis espinchon
Li Tres Dounzello tremudado en roco.
Esperavon aqui, tóuti tres drecho,
Si chivalié parti pèr Terro Santo :
En regardant veni de-long de l'oundo,
Talamen es marrit la languitudo,
A la longo dóu tèms s'arrouquiguèron.
Passon lou Bourg — que sant Andiòu lou diacre
I' escounjurè lou diéu Mitra; descuerbon
Apereila lou mount Ventour que gibo,
Aperalin lou Mezenc di Ceveno,
Aperavau lis arco espetaclouso
Dóu Pont Sant-Esperit, fa pèr miracle;
E, perdu dins lis aubre, enfin abordon
Au Malatra, vers lou jougnènt d'Ardecho,
Que, pèr raport i gravo dangeirouso,
Aqui van prene l'ome de la mudo.

XLIV

— Vès-la! vès-la! cridèron dins li barco.
Lou poung sus l'anco, en ribo dóu grand Rose,

elles communiquaient, dit-on... — « Alerte! alerte! »
Le timonier soudain virant au gouvernail,
ils ont raclé sur l'écueil de Malmouche.
Rapide, la remorque vient d'entrer dans la cluse¹
étroite et redoutable de Donzère.
Au passage, farouches, de côté les épient
les Trois Donzelles transformées en rochers².
Elles attendaient là, toutes les trois debout,
leurs chevaliers partis pour Terre Sainte :
en regardant venir le long de l'eau,
la langueur de l'attente est si mauvaise!
elles finirent par s'y pétrifier.
Ils dépassent le Bourg où le diacre Andéol
exorcisa le dieu Mithra; ils découvrent
le mont Ventour qui protubère au loin,
plus loin encore le Mézenc des Cévennes,
là-bas enfin les arches magnifiques
du Pont Saint-Esprit, bâti par miracle;
et, perdus dans les arbres, les voilà qui abordent
au Malatra, confluent de l'Ardèche,
où ils vont, pour parer aux grèves dangereuses,
embarquer l'homme de la mue³.

XLIV

— « La voilà! la voilà! » cria-t-on dans les barques.
Le poing sur la hanche, au bord du grand Rhône,

Dins si raubiho bello dóu dimenche,
A la man soun cabas de sagno primo,
Elo, l'Angloro, esperavo risènto.
Car em' aquéli gènt dis equipage
S'èro à cha pau rendudo fumihiero,
Fantaumejant e fadejant em' éli.
Desempièi qu'èro au mounde, sus la dougo
Venié vèire veni li sisselando,
Lóugiero fendènt l'aigo à la desciso,
Cargado de castagno o d'àutri viéure,
Emé soun tibanèu de telo blanco
Acatant li mouloun de marchandiso.
Li marinié di barco ventrarudo,
En la vesènt bada long de la lono,
De-fes dins soun faudau qu'elo aparavo
Ié jitavon de liuen de poumo roujo
O de pero garroto à la rapiho.
Tóuti la couneissien, aquelo Angloro,
Coume l'avien noumado pèr escàfi,
En estènt que toujour sus li graviero
Grapaudejavo nuso, à la rajolo
Dóu souleias, coume uno reguindoulo.
Pièi s'èro facho grando, arrouganteto,
Emai poulido proun. Èro que bruno;
Mai uno bruno claro o, pèr miés dire,
Lou rebat dóu soulèu l'avié daurado;
Emé d'iue de perdris, qu'èro de peno
De saupre se risien d'enfantoulige
O d'alegresso folo o bèn pèr trufo.

et dans ses belles hardes du dimanche,
et à la main son cabas de jonc fin,
elle, l'Anglore, attendait souriante.
Car avec ces nochers des équipages
elle s'était rendue peu à peu familière,
folichonnant, badinant avec eux.
Et sur la berge, depuis qu'elle était née,
elle venait voir arriver les sisselandes[4],
légères, fendant l'eau à la descise[5],
chargées de châtaignes ou d'autre provende,
et sous la toile blanche de leur bâche
recouvrant les monceaux de marchandises.
Et les mariniers des barques ventrues,
en la voyant bayer le long du fleuve,
de loin, dans son tablier qu'elle tendait,
lui jetaient quelquefois des pommes rouges
ou des poires vertes à la gribouillette.
Ils la connaissaient tous, eux, cette Anglore,
comme ils l'avaient nommée par moquerie,
attendu que toujours sur les graviers
elle se traînait nue sous les rayons
du grand soleil, comme un petit lézard[6].
Puis elle avait grandi, s'était faite arrogante
et même assez jolie. Elle n'était que brune,
mais une brune claire, ou, pour mieux dire,
le reflet du soleil l'avait dorée;
et des yeux de perdrix, où difficilement
on pouvait deviner s'ils riaient enfantins
ou d'allégresse folle ou bien par gausserie.

XLV

D'ageinouioun o drecho dins li semo,
Aqui-de-long, tout lou jour, abarouso,
Emé soun crevelet d'aran passavo,
Entre-mesclo au savèu em' i graviho,
Li pampaieto d'or que, raro e tèuno,
L'Ardecho carrejavo après li plueio.
Lavado e relavado, li paiolo
Se retenien, lusènto, sus la bourro
D'uno pèu de móutoun; e bèn countènto,
Pecaire, quand gagnavo sa peceto
De douge o quinge sòu, un jour dins l'autre.
De si sourreto e fraire la ninèio,
Bóulant à pèd descaus l'areno morto,
Un eici, un eila, dins la ribiero
l' anavon rabaia li crevelado.
La maire au bastidoun fasié la soupo
O pedassavo en ié bramant de-longo :
« Quau vous tendrié de besougno, destrùssi! »
Soun ome, lou gros Tòni, èro mudaire.
Au Pont Sant-Esperit, que fau counèisse
Li gourg e li courrènt pèr noun se roumpre
Is esperoun de sis ancoulo traito,
Passavo li batèu à la desciso.
Prouvenien d'Aramoun e, dintre Rose,

XLV

A genoux ou debout dans les délaissées de l'eau,
sur le rivage, tout le jour, assidue,
avec son petit crible de fer elle sassait,
entremêlées au sable et aux graviers,
les paillettes d'or que, ténues et rares,
l'Ardèche charriait après les pluies.
Lavées et relavées, les paillettes légères
de là s'attachaient, luisantes, à la laine
d'une peau de mouton; et bien contente,
la pauvre, de gagner à cela sa piécette
de douze ou quinze sous, un jour dans l'autre.
De ses petites sœurs et de ses frères la nichée,
foulant nu-pieds l'arène morte,
un ici, l'autre là, dans la rivière
allaient ramasser du sable à son crible.
La mère à la maison faisait la soupe
ou ravaudait en leur braillant sans cesse :
« Qui leur tiendrait des hardes, à ces fripeurs ! »
Le gros Toni, son homme, était pilote.
Au Pont Saint-Esprit, où il faut connaître
les gouffres et courants pour ne point se briser
aux éperons des contreforts perfides,
il passait les bateaux à la descente.
Ils provenaient d'Aramon. Dans le Rhône

Remounta pèr la pesco dis alauso,
Avien planta caviho e penja l'oulo,
Aqui perdu, dins uno capitello
Bastido à pèiro seco sus l'auturo,
Pèr precaucioun di crèis e cop d'Ardecho;
Car fau pas badina 'm' aquelo garço
De ribiero rabènto, quand s'abrivo,
Gounflado pèr li plueio e que fai crèisse
Lou Rose de vint pan!

XLVI

E dounc l'Angloro,
En péu o sus la tèsto un plechoun rouge,
Li marin de Coundriéu e d'Andanceto
Sèmpre la retrouvavon au passage;
Talamen que, fasènt la descendudo,
Un cop avé franqui li Tres Dounzello
E travessa lis isclo Margarido
E devista lou ro de Pèiro-Lato :
— Anen, disien galoi, lèu anan vèire
Au Malatra roundouleja l'Angloro! —
Acò soulet lis escarrabihavo
Mai qu'un cigau de vin à la coucourdo.
E tant-lèu la vesien, atravalido,
Boulegant soun crevèu dins la lumiero,
La gounello estroupado à miejo-cueisso

remontés pour la pêche des aloses,
en ce coin perdu ils s'étaient fixés,
pendant la marmite en une cahute
bâtie à pierre sèche au haut d'une éminence,
par précaution des crues et coups d'Ardèche;
car il ne faut pas rire avec cette coquine
de rivière rageuse, quand elle prend l'élan,
gonflée par les pluies, et qu'elle fait croître
le Rhône de vingt palmes!

XLVI

     Donc l'Anglore,
soit en cheveux, soit sur la tête un fichu rouge,
les marins de Condrieu et d'Andancette
la retrouvaient chaque fois au passage;
si bien que, lors de la descise,
dès qu'ils avaient franchi les Trois Donzelles
et traversé les îles Margeries
et aperçu le roc de Pierrelate :
— « Allons, disaient-ils joyeux, nous allons bientôt voir
au Malatra papillonner l'Anglore! »
Cela seul les émoustillait
plus qu'un bon coup de vin bu à la gourde.
Et dès l'apercevoir, active à son travail,
agitant son crible en pleine lumière,
la jupe retroussée à moitié cuisse

*E lou jougne badièu coume uno roso
D'agoulencié que béu la souleiado :
— Que, hòu ! cridavon en ié fasènt signe,
Aquelo Angloro a panca sa fourtuno ?
— Ai ! pauro ! d'or, respoundié la pichoto,
Aquéli gus de Raiòu, dins l'Ardecho
N'en jiton gaire... Sabès lou prouvèrbi ?
Arpaiaire, pescaire, emai cassaire...
— Pecaire ! — Juste. Mai passas bèn vite ?
— Lou Rose es fièr e n'a ges d'arrestado,
Bello jouvènto ! Mai, à la remounto,
Quand li chivau tiraran la maieto,
Que revendren de la terro d'Argènço,
Amarraren i tòti de la ribo
E t'adurren de dàti... Ounte es toun paire ?
— Es au Grand-Malatra que vous espèro...
Bon viage à la marino ! — Adièu, mignoto !*

XLVII

*N' i' avié proun un, sabès, que sus lou tèume,
Toujour lou bèu darrié dintre la chourmo,
Saludavo enca 'n cop la pichouneto
Emé quàuqui poutoun à la voulado.
Èro un gaiard cadèu de Sant-Maurise
Que, sus lou còu e sènso ges d'ajudo,
Soulet aurié carga 'no bouto pleno*

et le corsage ouvert comme une rose
d'églantier qui boit le soleil :
— « Ohé ! lui criaient-ils en faisant signe,
n'a-t-elle pas encore fait fortune, l'Anglore ? »
— « Aïe ! pauvrette, répondait la petite,
ils n'en jettent pas tant, d'or, dans l'Ardèche,
ces gueux de Cévennols[7]. Vous savez le proverbe ?
Un orpailleur, un pêcheur, un chasseur... » —
« Tous geigneurs ! » — « C'est cela. Mais vous passez bien vite ? »
— « Le Rhône est fier[8] et il n'a point d'arrêt,
belle jeunesse ! Mais, à la remonte,
quand les chevaux tireront la cordelle,
à notre retour du pays d'Argence,
nous amarrerons aux troncs de la rive
et nous t'apporterons des dattes... Où est ton père ? »
— « Au Grand-Malatra, où il vous attend...
Bon voyage aux marins ! » — « Adieu, mignonne ! »

XLVII

Il en était bien un qui, sur la tille,
toujours le beau dernier de l'équipage,
saluait la fillette encore un coup
avec quelques baisers à la volée.
C'était un vigoureux garçon de Saint-Maurice
qui, sur le cou, sans aide aucune,
aurait chargé tout seul un tonneau plein

*De sièis barrau. Soun noum èro Jan Rocho :
Un brun masclas d'aquelo forto raço
De ribeiriè dis aigo dôufinenco
Que, sus li riso e lis auve dóu flume,
Entre-mitan lou Reiaume e l'Empèri,
Gouvernon li radèu e savouiardo.
Au desparti, sa maire, chasco vòuto,
Ié venié : — Moun enfant, lou cor me crèbo
De te vèire abasa 'm' aquéli barco
Que, la mita dóu tèms, revènon routo
O que, desemparado, avau demoron.
De sèt garçoun, que tu n'en siés lou mendre,
Car èron tóuti, ve, d'esclapas d'ome,
Me soubro plus que tu. Li fiho palo
Dóu plan-païs, avau dins la Prouvènço,
Me lis an tóuti pres, un après l'autre.
Em' uno bello oustesso qu'èro véuso
L'einat s'es establi pèr aubergisto ;
Lou cadet, peralin au grau dóu Rose,
S'es fa, m'an vougu dire, escandaiaire ;
N' i' a dous que, marida 'mé d'Arlatenco,
En patramandejant bèn proun que viscon ;
E dous qu'en Avignoun an tengu tòti
Pèr èstre porto-fais. Em' uno bando
De drole coume aviéu, à moun vieiounge,
Se tu vas courre mai la bello eisservo,
Me vese iéu à mand d'ista souleto !
— Maire, fasié Jan Rocho, li chatouno
Que porton sus lou pèu lou velout d'Arle,
Nimai li boujarrouno de l'Ouvezo,*

de six *barraux*⁹. Son nom était Jean Roche :
beau mâle brun, de cette forte race
de riverains des eaux du Dauphiné
qui, sur les rives et graviers du fleuve,
entre le Royaume et l'Empire,
gouvernent les radeaux et savoyardes¹⁰.
Au moment du départ, sa mère, chaque fois,
lui disait : — « Mon enfant, le cœur me crève
de te voir dévaler avec ces barques
qui, la moitié du temps, reviennent effondrées
ou qui, désemparées, là-bas demeurent.
De sept garçons, desquels tu es le moindre,
car tous étaient, vois-tu, des blocs d'homme superbes,
il ne me reste plus que toi. Les filles pâles
du plat pays, là-bas dans la Provence,
me les ont tous gardés, l'un après l'autre.
Pour une belle hôtesse qu'il prit veuve,
l'aîné s'est établi comme aubergiste;
le cadet, au bout du Rhône, à l'embouchure,
s'est fait sondeur, à ce que l'on m'a dit;
deux, mariés avec des Arlésiennes,
vivent en brocantant, je ne sais comme;
et deux en Avignon ont pris attache
pour être portefaix. Et avec une troupe
de garçons comme j'eus, à mes vieux jours,
si tu cours, toi aussi, à la dérive,
me voilà exposée à rester seule! »
— « Mère, disait Jean Roche, les fillettes
qui sur la chevelure portent le velours d'Arles,
ni les jolies luronnes de l'Ouvèze,

Nimai li risouliero de la Sorgo
Emé si catalano blanquinello
Qu'au vènt-terrau si dous vetoun floutejon,
Noun me faran jamai, fugués tranquilo,
Oublida nòsti drolo crouchounado
Emé si bèlli rouito sanitouso.
— Ha! la vièio apoundié, que soun rejuncho
E bravo en tout : sachènt garda li dindo,
Tout en fielant sa blesto de canebe,
Móuse li cabro e batre lou bon burre
O tricouta li flour de la dentello...
Tè, sènso ana pu liuen, coume la fiho
Dóu Charmetan, qu'es uno degouiado :
A la fin de si gènt, moun chat, pèr doto
Aura de prat, de vigno emai de terro
Que dèvon rèn en res, l'auses ? — O, maire.

XLVIII

Patin, coufin. En chasco despartido
Èro la memo aubado. Mai Jan Rocho,
Un cop mounta sus lou paiòu di barco,
Un cop bandi sus lou courrènt dóu flume
Vers lou relarg de la Prouvènço lindo,
Adessias li touiaudo de Serriero,
D'Ampuis, dóu Piage o de Glun o de Sèrvi!
En respirant l'aire libre dóu Rose,

non plus que les rieuses de la Sorgue
avec leurs blanches coiffes de piqué
dont les deux brides flottent au mistral,
ne me feront jamais, soyez tranquille,
oublier nos filles aux chairs rebondies
avec leurs belles joues vermeilles de santé. »
— « Et qui sont réservées, ha! ajoutait la vieille,
et parfaites en tout : sachant garder les dindes,
tout en filant leur quenouillée de chanvre,
traire les chèvres et battre le bon beurre
ou tricoter les fleurs de la dentelle...
Tiens, sans aller plus loin, comme la fille
du Charmetan, qui est une gaillarde :
à la fin de ses gens, mon gars, pour dot
elle aura de la vigne, et des prés et des champs,
tout ça clair et liquide, m'entends-tu ? » — « Oui, mère. »

XLVIII

Et ceci et le reste. A chaque départie
c'était la même aubade. Mais Jean Roche,
sitôt monté sur le plancher des barques,
sitôt lancé sur le courant du fleuve,
lancé au large vers la Provence claire,
adieu les grosses filles du Péage,
de Serrières, d'Ampuis, ou de Glun ou de Serves!
En respirant l'air libre du Rhône,

Quand se vesien, éu e li cambarado,
Li mèstre en plen d'aquéu reiaume eiguèstre.
D'aquel empèri dóu Maïstrau rude
Que s'espandis au long entre li colo,
De soulèu en soulèu e d'auro en auro,
D'uno ourgueianço estrèmo venien ébri
E se cresien lis invincible au mounde.
A-n-éli lou fin moust de l'Ermitage
E lou vin caud de la Costo-Roustido
Que, pèr camin, vivo la canto-bruno!
N'adousihavon sèmpre quauco pèço.
A-n-éli lis oulado que treviron
E li taioun d'aquéu biòu à l'adobo
Que lou lausié perfumo dins la glouto!
E li feisan de l'isclo Pibouleto
E li poulardo avau de Roco-Mauro,
Nourrido à jabo emé lou mi d'escoubo;
E li couniéu de Castèu-Nòu de Papo
Assaboura 'mé lou vin de la Nerto!
A-n-éli li brassado di chambourdo,
Dins la sournuro, au pèd dis aubaredo,
Quouro i gràndis aubergo de la ribo
Pèr la couchado au vèspre s'arrambavon!
N'avien pas tort li crid de la gouverno
Qu'entre li dos levado, de-countùnio,
S'entendien reboumbi : Reiaume! Empèri!
Li Coundriéulen, patroun de la ribiero,
Èron de rèi verai, de counquistaire.
Vers la Prouvènço, aquelo Palestino,
Ounte lou Rose dins soun amplitudo

lorsque les camarades et lui se voyaient
les maîtres absolus du royaume liquide,
de cet empire du Maëstral rude
qui en longueur s'épand au milieu des collines,
de vent en vent, de soleil en soleil,
d'un orgueil extrême ils devenaient ivres
et se croyaient invincibles au monde.
A eux le moût exquis de l'Ermitage
et le vin chaud de la Côte-Rôtie
dont, en chemin, vive le chalumeau!
ils perçaient toujours quelque pièce.
A eux les potées chavirant de viande,
avec les tranches de bœuf à l'étuvée
que le laurier parfume dans la cloche de fonte!
Et les faisans de l'île Piboulette
et les poulardes là-bas de Roquemaure,
nourries à profusion par le mil à balais;
et les lapins de Châteauneuf du Pape
dont le vin de la Nerthe rehausse la saveur!
A eux les embrassées des maritornes,
dans la sombreur, au pied des peupliers blancs,
lorsque aux grandes auberges de la rive
ils accostaient le soir pour la couchée!
Et ils n'avaient point tort, les cris de gouvernance
qui, entre les deux digues, continuellement
s'entendaient retentir : Royaume! Empire!
Les Condrillots, patrons de la rivière,
étaient vraiment des rois, des conquérants.
Vers la Provence, terre de promission
où le Rhône en son amplitude

Embrasso l'isclo inmènso de Camargo,
Vers la Prouvènço ounte l'óulivo afloco
Sus li pendènt de tóuti li coustiero,
Vers lou païs ounte cour la Tarasco,
Ounte au soulèu, lou jour, danso la Vièio,
Ounte la niue i'a l'estelan qu'esbriho,
Éli, li veiturin de l'aboundànci,
Ié davalavon bèn-vengu de tóuti.

XLIX

Entre parèisse aperamount la rigo
Di sisselando e sapino e pinello,
Encalaumado en co l'uno de l'autro,
Emé li Coundriéulen dre sus la poupo,
Li bras leva, d'acord butant l'empento
E dins l'azur pièi la lachant ensèmble,
Li terrassan d'en terro ié cridavon :
« Manjo-cabrit ! Quiéu-de-pèu ! N'as de burre ? »
E li coulosse bounias : « Manjo-anchoio !
Camino ! As pòu que te manque, la terro ? »
Ié respoundien en uno bramadisso.
E tout-de-long l'antico galejado
Resclantissié dins lou parla di pople ;
E tout-de-long, sus li talus de pèiro
Di pourtihoun que bordon la grando aigo,
Pèr vèire, ivèr-estiéu, venien li fiho,

embrasse le delta immense de Camargue,
vers la Provence où l'olive foisonne
sur les penchants de toutes les côtières,
vers le pays où s'ébat la Tarasque,
où au soleil, le jour, danse la Vieille ¹¹,
où, la nuit, est le ciel resplendissant d'étoiles,
eux, les porteurs de l'abondance,
descendaient, bienvenus de tous.

XLIX

Sitôt qu'apparaissait en amont le convoi
des sisselandes, sapines et penelles,
encâblées à la queue l'une de l'autre,
avec les Condrillots droits sur la poupe
qui, bras levés, d'accord, poussant le gouvernail,
dans l'azur ensuite le lâchaient ensemble,
les gens de terre leur criaient du rivage :
« Mange-cabris ! Culs-de-peau ! Nez de beurre ! »
Et les colosses bonasses : — « Mange-anchois ! »
répondaient-ils en clameur prolongée,
« marche donc ! As-tu peur que la terre te manque ? »
Et tout le long l'antique gouaillerie
retentissait dans le parler des peuples ;
et tout le long, sur les talus de pierre
des petits ports qui bordent la grande eau,
pour voir, hiver, été, venaient les filles,

De soun debas gaubejant lis aguïo
O sa sieto à la man, la tèsto alerto.
Tout resquihant perèu sus l'oundo liso,
Li Coundriéulen aqui s'enarquihavon
E, di batèu, en ié fasènt bouqueto:
— Anen, voulès veni, cridavon, drolo,
Emé nous-autre à-n-Arle? — Sian pas lèsto;
Un autre cop! — E filavon li barco
Dins li risènt, entre-mitan lis isclo.
Just lou pilot, aplanta sus lou tèume,
Alin-davans lis iue dubert e fisse
Pèr fourvia lis agacin de roco,
De liuen en liuen viravo un pau la barro.

leur assiette à la main ou de leur bas
maniant le tricot, la tête alerte.
Tout en glissant aussi sur l'onde lisse,
les Condrillots alors se rengorgeaient
et des bateaux leur criaient souriants :
— « Allons, les filles, voulez-vous bien venir
avec nous autres à Arles ? » — « Nous ne sommes pas prêtes ;
une autre fois ! » Et les barques filaient,
au clapotis des flots, entre les îles.
Et le pilote à peine, debout sur le tillac,
les yeux ouverts et fixes en avant,
pour éviter les durillons de roche,
de loin en loin tournait un peu la barre.

CANT SIEISEN

LOU DRA

I.

Oh! lis atiramen de l'aigo blouso,
Quand lou sang nòu espilo dins li veno!
L'aigo que ris e cascaio ajouguido
Entre li coudelet, emé li sòfi
Qu'arrapon en sautant li damisello
E li mouissau di vèrdi bourdigaio!
L'aigo poulido e crudèlo e felouno
Qu'embelino e pivello l'innoucènci
En ié fasènt lusi li tremoulino
De soun mirau! — Ninèio, à la vihado
La maire ié venié de vòuto en vòuto,
A sis enfant, à l'Angloro, — ninèio!
Vers li blavour de l'aigo pausadisso
O lis afous que remoulinon encre,

CHANT SIXIÈME

LE DRAC

I.

Oh! l'attraction du liquide élément,
quand jaillit dans les veines le sang neuf!
de l'eau qui rit et gazouille enjouée
parmi les galets, avec les ablettes
qui en sautant prennent les demoiselles
et les moustiques des touffes d'herbe verte!
de l'eau jolie et cruelle et perfide,
qui charme et qui fascine l'innocence
en lui faisant reluire les frissons
de son miroir! — « Petits, » à la veillée,
parlait ainsi, de fois à autre, la mère
à ses enfants, à l'Anglore, « petits!
vers les bleus de l'eau calme
ou les abîmes qui tourbillonnent noirs,

D'ana jamai gafa noun vous avèngue !
L'ai toujour ausi dire : souto Rose
(Ai! bèu mignot, se lou pèd vous mancavo!),
En de founsour que soun descouneigudo,
Ié trèvo, despièi que lou mounde es mounde,
Un fantasti nouma lou Dra. Superbe,
Anguielu coume un lampre, se bidorso
Dins l'embut di revòu mounte blanquejo
Emé si dous iue glas que vous trafuron.
A lou pèu long, verdau, flus coume d'augo,
Que floto sus sa tèsto au brand de l'oundo.
A li det, lis artèu, pèr ausi dire,
Tela coume un flamen de la Camargo
E dos alo de pèis darrié l'esquino
Clareto coume dos dentello bluio.
Lis iue à mita claus, nus coume un verme,
N' i' a que l'an agu vist, au founs d'un toumple,
Estalouira au soulèu sùbre l'areno,
Pipant coume un lesert la souleiado,
La tèsto revessado sus lou couide.
Barrulant : outo l'aigo emé la luno,
N' i' a que l'an entre-vist, dintre li lono,
Avera d'escoundoun li flour de glaujo
O de l'erbo-d'infèr. Mai pièi lou pire,
Chut! escoutas aquesto...

de vous guéer jamais gardez-vous bien!
Je l'ai toujours entendu dire : sous le Rhône
(aïe! beaux mignons, si vous y perdiez pied!),
en des profondeurs qui sont inconnues,
fréquente, depuis que le monde est monde,
un farfadet nommé le Drac. Superbe
et svelte ainsi qu'une lamproie, il se tortille
dans l'entonnoir des tourbillons où, blanc,
il vous transperce de ses deux yeux glauques.
Ses cheveux longs, verdâtres, floches comme de l'algue,
lui flottent sur la tête au mouvement de l'onde.
Il a les doigts, dit-on, et les orteils
palmés, comme un flamant de la Camargue,
et deux nageoires derrière le dos,
transparentes comme deux dentelles bleues.
Les yeux à moitié clos, nu comme un ver,
il en est qui l'ont vu, au fond d'un gouffre,
nonchalamment couché au soleil sur le sable,
humant comme un lézard la réverbération,
avec la tête renversée sur le coude.
Errant sous l'eau avec la lune,
d'autres l'ont entrevu, dans les flaques tranquilles,
qui à la dérobée tirait les fleurs d'iris
ou de nénuphar. Mais, puis le plus fort,
enfants, écoutez...

LI

                    Un jour, se conto,
En ribo de Bèu-Caire uno femeto
Lavavo sa bugado dins lou Rose
E, tout en bacelant, à la subito
Veguè, dins lou courrènt de la ribiero,
Lou Dra, poulit e lèri coume un nòvi,
Qu'à travès dóu clarun ié fasié signe.
« Vène! ié murmuravo uno voues douço,
Vène! te farai vèire, bello chato,
Lou palais cristalin ounte demore
Emé lou lié d'argènt ounte m'ajasse
E li ridèu d'azur que l'encourtinon.
Vène! te farai vèire li fourtuno
Que se soun aclapado souto l'erso,
Despièi que li marchand ié fan naufrage,
E qu'ai encamelado dins mis ouide.
Vène! ai un pipaudoun que n'a que l'orvo
E que, pèr s'abari dins la sapiènci,
N'espèro que toun la, bello mourtalo! »
La jouino bugadiero, atrevarido,
Leissè toumba de sa man escumouso
Soun bacèu e 'm'acò, pèr l'ana querre,
S'estroupant vitamen à miejo-cambo,
Pièi au geinoui, pièi jusquo à miejo-cueisso,

LI

On raconte qu'un jour,
au quai de Beaucaire, une jeune femme
lavait au Rhône sa lessive.
Et, en battant son linge, tout à coup
elle aperçut dans le courant de la rivière
le Drac, frais et gaillard comme un nouvel époux,
qui à travers le clair lui faisait signe.
— « Viens donc! lui murmurait une voix douce,
« viens, je te montrerai, ô belle fille,
« le palais cristallin où je demeure,
« avec le lit d'argent où je me gite,
« et les rideaux d'azur qui le recouvrent.
« Viens donc que je te montre les richesses
« qui se sont entassées sous la vague,
« depuis que les marchands y font naufrage,
« et que j'amoncelle en mes souterrains.
« Viens! j'ai un nouveau-né qui n'est encore qu'une larve,
« et qui, pour se nourrir dans la sapience,
« n'attend que ton lait, ô belle mortelle! »
La jeune lavandière, somnolente,
laissa tomber de sa main écumeuse
son battoir, et voilà : pour aller le chercher
troussant sa jupe vitement à mi-jambe,
puis au genou, puis jusques à mi-cuisse,

An! perdeguè l'apès. Lou briéu dóu flume
L'envestiguè de soun oundado vivo,
L'entourtouiè, barbelanto, avuglado,
E l'entirè dins li aven ferouge
Que remoulinon avau souto terro.
L'aguèron bèu cerca 'mé la partego :
La retrouvèron plus, èro perdudo.
Passè de jour, passè d'an. A Bèu-Caire
Degun pensavo plus à la paureto,
Quand un matin, au bout de sèt annado,
La veguèron rintra, touto tranquilo,
Dins soun oustau, sa fardo sus la tèsto,
Coume se retournavo, à la coustumo,
Dóu lavadou : soulamen un pau palo.
Tóuti si gènt lèu la recouneiguèron,
E tout acò cridè : « Mai d'ounte sortes ? »
En se passant la man sus lou front, elo :
« Vès, ié diguè, me sèmblo qu'es un sounge...
Que vàutri lou vouguès crèire o pas crèire,
Sorte dóu Rose. En lavant ma bugado,
Ai toumba moun bacèu e, pèr l'avedre,
Ai resquiha dins un founsau terrible...
E me sentièu embrassado souto aigo
Pèr uno oumbrino, un glàri, que m'a presso
Coume un jouvènt que fai un raubatòri...
Lou cor m'avié fa mau e, revengudo,
En un vaste soubau plen de fresquiero,
Enlumina d'uno lus eigalouso,
Emé lou Dra, souleto, me siéu visto.
Avié, d'uno fiheto entre-negado,

bref, elle perdit pied. Le cours du fleuve
l'enveloppa de son flot violent,
l'entortilla, pantelante, aveuglée,
et l'entraîna aux abîmes farouches
qui tourbillonnent par là-bas sous terre.
On eut beau la chercher avec la gaffe,
introuvable elle fut — et bien perdue.
Des jours, des ans passèrent. A Beaucaire,
personne, hélas! ne pensait plus à elle,
lorsqu'un matin, au bout de sept années,
on la vit qui rentrait, toute tranquille,
dans sa maison, son paquet sur la tête,
comme si du lavoir, à l'habitude,
elle s'en retournait : seulement un peu pâle.
Tous ses gens aussitôt la reconnurent
et chacun s'écria : « Mais d'où sors-tu ? »
Elle, se passant la main sur le front,
répondit : « Voyez, cela me semble un songe...
« Mais qu'il vous plaise de le croire ou non,
« je sors du Rhône. En lavant ma lessive
« mon battoir est tombé et, pour l'avoir,
« dans un bas-fond terrible j'ai glissé...
« Et je me sentais embrassée sous l'eau
« par un fantôme, un spectre, qui m'a prise
« ainsi qu'un jeune homme qui ferait un rapt...
« Le cœur m'avait failli et, revenue à moi,
« dans une grotte vaste et pleine de fraîcheur
« et éclairée d'une lueur aqueuse,
« avec le Drac je me suis vue, seulette.
« D'une jeune fille à demi noyée

Agu 'n pichot — e iéu, pèr nourriguiero
De soun Draguet, sèt an m'a detengudo. »

LII

L'Angloro, l'endeman d'aquéli conte
Qu'emé li rai dóu soulèu s'esvalisson,
Noun ié pensavo plus e, dins li semo
Dóu Malatra, zóu! esperdigaiado
Courrié 'mé soun crevèu se metre à l'obro.
Èro au gros de l'estiéu : sus li piboulo,
Lis óume e lis aubero blanquinello
Que fan sóuvert, cantavon li cigalo...
Hòu! elo cregnié rèn, car, au regiscle
Dóu grand soulèu que pico sus l'areno,
Disié qu'ansin vesié miés li paiolo
Belugueja. Lou mai que i'èron grèvo
Èro li niue, quand dins l'estrecho bòri
Falié coucha 'mé touto la chaumiho,
Au sòu, à ran, sus un mouloun de fueio.
Uno d'aquéli niue de calourado
Que vous estoufegas souto li téule,
S'èro levado en camiso à la luno
Pèr ana prene un pau lou fres deforo.
La luno dins soun plen la regardavo,
Mingoulouno, descèndre vers la ribo,
A pèd descaus, dins lou prefound silènci
De la naturo inmènso e dourmihouso,

« il avait eu un fils — et de son petit Drac,
« moi, pour nourrice, il m'a gardée sept ans.¹ »

LII

L'Anglore, le lendemain de ces contes
qui s'évanouissaient aux rayons du soleil,
n'y pensait plus et, dans les délaissées ²
du Malatra, vive comme un perdreau,
courait, son crible en main, se mettre à l'œuvre.
C'était au fort de l'été : sur les ormes,
les peupliers et les trembles blanchâtres
de ces bords solitaires, les cigales chantaient...
Mais elle ne craignait rien, car, au reflet
du grand soleil qui frappe sur l'arène,
elle voyait bien mieux, disait-elle, briller
les paillettes. Ce qui autrement lui pesait,
c'était, les nuits, quand dans l'étroite hutte
il fallait coucher, toute la marmaille,
à terre, épars, sur un amas de feuilles.
Or, une de ces nuits de chaleur lourde
où l'on étouffe sous les tuiles,
elle s'était levée en chemise à la lune
pour aller prendre un peu le frais dehors.
La lune dans son plein la regardait,
toute mince, descendre vers la rive
et les pieds nus, dans le profond silence
de la nature immense et endormie,

Leissant ausi lou rouncadis dóu Rose.
Sus l'erbo clarejavon li luseto;
Li roussignòu alin à la perdudo
Se respoundien, amourous, dins lis aubo;
E lou cascai de l'oundo courrerello
S'entendié rire. Au sòu la manidouno
Leissè d'un cop toumba sa camiseto
E dins lou Rose, ardènto e trefoulido,
Plan, de-clinoun, intrè, li man crousado
Sus la tremour de si dous sen de vierge.
Au proumié frejoulun, de la pereso
S'arrestè 'no passado, souspirouso;
E roudihè lis iue, proun esmougudo,
Tout à l'entour dins la negruro liuencho
Ounte cresié toujour qu'entre lis aubre
Quaucun desabihado l'espinchèsse.
Pièi zóu, dins lou courrènt de l'aigo molo,
Descendié 'ncaro un pau, alusentido
Pèr li rai de la luno que beisavon
Soun fin coutet, sa jouino car ambrenco,
Si bras poupin, sis esquino rabloto
E si pousseto armouñiouso e fermo
Que s'amagavon coume dos tourtouro
Dins l'esparpai de sa cabeladuro.
Lou mendre brut, un pèis que foro l'aigo
Pèr mousqueja faguèsse uno escoupeto,
Lou gourgoui d'un embut, quand emboutiho,
Uno rato-penado que quilèsse,
Pèr un tavan uno fueio batudo,
Iè viravo soun cor coume uno toumo.

laissant ouïr le ronflement du Rhône.
Les vers luisants éclairaient parmi l'herbe;
les rossignols perdus au lointain
se répondaient, amoureux, dans les *aubes*³;
et le clapotis de l'onde coureuse
s'entendait rire. A terre la petite
laissa d'un coup tomber sa chemisette
et dans le Rhône, ardente et tressaillie,
lentement elle entra, penchée, croisant les mains
sur le frémissement de ses deux seins de vierge.
Au premier frisson, avec un soupir
elle fit halte un moment, hésitante,
et de côté et d'autre tourna, tout émue,
les yeux autour d'elle dans l'obscurité
où elle croyait toujours qu'entre les arbres
quelqu'un, dévêtue, l'épiât de loin.
Puis peu à peu, dans l'eau moelleuse du courant
elle allait encore, vivement éclairée
par les rayons de la lune baisant
sa nuque fine, sa jeune chair d'ambre,
ses bras potelés, ses reins bien râblés,
et ses petits seins harmonieux, fermes,
qui se blottissaient comme deux tourterelles
dans la diffusion de sa chevelure.
Le moindre bruit, — soit un poisson qui fit
un ricochet sur l'eau pour saisir une mouche,
le gargouillis d'un tourbillon qui ingurgite,
le cri aigu d'une chauve-souris,
une feuille battue par l'aile d'une insecte, —
lui tournait le cœur comme une jonchée 4.

LIII

E davalavo. Mai, jusquo à la cencho
E pièi plus aut, de se senti vestido
Pèr lou mantèu ufanous de la riaio,
Pensè plus qu'au bonur de tout soun èstre
Mescladis, counfoundu 'mé lou grand Rose.
Souto si pèd l'areno èro tant douço!
Uno michour, uno frescour tebeso
D'un imourous chalun l'agouloupavo.
A flour de pèu, à flour de carnaduro,
Vesiadamen li vertoulet de l'oundo
Ié fasien de poutoun, de sousselegue,
En murmurant de suàvi paraulo
Que i'adusien l'espaime de plasènço...
Quand tout-d'un-cop, dins l'aigo bouleguivo
E trelusènto i rai de la lugano,
Eilalin founs, espandi sus la mousso
D'un jas esmeraudin, que te vai vèire?
Un bèu jouvènt que ié fasié cachiero.
Enroula coume un diéu, blanc coume evòri,
Oundejavo emé l'oundo e sa man linjo
Tenié 'no flour d'esparganèu sóuvage
Que presentavo à la jouvènto nuso.
E de si bouco atremoulido e marfo
Sourtien de mot d'amour o de mistèri
Que s'esperdien dins l'aigo incoumprensible.

LIII

Et de descendre. Mais jusqu'à la ceinture,
et puis plus haut, tout aise de se sentir vêtue
par le manteau fastueux du torrent,
elle ne pensa plus qu'au bonheur de son être
mêlé, confondu avec le grand Rhône.
Le sable sous ses pieds était si doux!
Une impression moite, une fraîcheur tiède
l'enveloppait d'un charme halitueux.
A fleur de peau, à fleur de carnation,
mignardement les ondes tournoyantes
lui faisaient des baisers, des chatouillis,
en murmurant de suaves paroles
qui lui donnaient des spasmes de plaisir...
Quand tout à coup, dans l'eau mobile
et transparente au clair de lune,
là-bas au fond, étendu sur la mousse
d'un lit d'émeraude, que va-t-elle voir?
un beau jouvenceau qui lui souriait.
Roulé comme un dieu, blanc comme l'ivoire,
il ondulait dans l'onde et sa main effilée
tenait une fleur, fleur de « jonc fleuri »,
qu'il présentait à la fillette nue.
Et de ses lèvres tremblantes et pâles
sortaient des mots d'amour mystérieux,
dans l'eau se perdant incompréhensibles.

De si dous iue catarèu, pivelaire,
Èu la fasié veni, gravoujo, nèco,
Desalenado e barbelanto, au rode
Ounte lou cors e l'amo cridon sebo.
Enclauso dins lou riéu pèr l'escaufèstre
Emai pèr un deleitamen estrange,
Èro, la pauro, aqui coume un que sounjo,
Qu'es esglaria pèr quauco pòu counfuso
E que, de courre, acò i'es impoussible.
E quand durbié lis iue vers lou trevaire
Qu'environa de sa lusour lachenco
Semblavo l'espera dins si bras souple,
Un frenimen d'amour invoulountàri
Souto lou cèu la jitavo en languino
E ié fasié plan-plan mouri li veno.

LIV

De l'amour qu'espelis o benuranço!
O paradis de l'amo creserello!
A-n-un moumen que lou balans dóu flume
La sóulevavo e masantavo touto,
De-revesseto, emé soun péu en floto,
Lis iue barra pèr crento de se vèire
Li dous poupèu qu'en subre pounchejavon,
Se vai senti, proumte coume un eslùci,
Autour dis anco un aflat, un delice,
Que fresqueirous e len ié fusè contro...

Avec ses yeux félins, fascinateurs,
il la faisait venir, craintive, stupéfaite,
et haletante de désir, à l'endroit
où crient merci le corps et l'âme.
Ensorcelée par l'émoi dans le fleuve
et par une plaisance étrange,
elle était là, pauvrette, comme celui qui songe
et auquel, effaré par quelque peur confuse,
s'il veut courir, cela est impossible.
Et sitôt qu'elle ouvrait les yeux vers le lutin
qui, entouré de sa lueur laiteuse,
semblait l'attendre en ses bras souples,
un frissonnement d'amour spontané
la jetait en langueur sous la voûte du ciel
et la faisait doucement défaillir.

LIV

De l'amour naissant ô bonheur suprême!
O paradis de l'âme à foi naïve!
A un moment où le branle du fleuve
la soulevait et palpait tout entière,
à la renverse, les cheveux flottants
et les yeux clos par la crainte de voir
saillir sur l'eau les pointes de sa gorge,
soudain, comme l'éclair, elle se sent,
autour des hanches, une approche, un délice
qui l'a frôlée d'une fraîche caresse.

Ai! e destressounado elo s'adrèisso,
D'un viro-man rejito soun péu mouisse
E vèi fugènt, dins lou glavas de l'aigo,
Uno oumbrinello blanco e serpentino
Que desparèis. Èro lou Dra. Sapiènto
Di mino que tenié, l'Angloro, elo,
Lou couneiguè fort bèn, qu'à sa cenchado
S'anè trouva subran uno flour roso
D'esparganèu. Dins un tau treboulèri,
Elo pamens, urouso e pantaiouso,
Prenguè la flour nadanto e s'anè jaire.
Mai en degun, ço que venié de vèire,
Bèn s'engardè, mignoto, de lou dire,
Jalouso qu'èro, autant coume uno cato,
De sa vesioun trop lèu despareigudo.
Ah! quant de cop, aquel estiéu, la jouvo,
Dins si langour de niue de toufourado,
I lunesoun clarino de setèmbre,
Revenguè mai au delicious rescontre!
Mai remarquè 'no causo: qu'à la mueio
Tóuti li fes qu'en intrant se signavo,
Coume fasiè toujour estènt pichoto,
De-bado au briéu de l'aigo segrenouso
Avanquissiè soun cors de piéuceleto:
Aquéli niue, lou bèu glàri dóu Rose
Au bagnadou, — pauro pichouno, espèro
Qu'esperaras, — à l'espèro mancavo.

Aïe! elle se dresse d'un sursaut,
d'un tour de main rejette ses cheveux ruisselants
et voit, fuyant dans la masse liquide,
une ombre vague, serpentine et blanche,
qui disparaît. C'était le Drac. Instruite
de ses façons d'agir, l'Anglore, elle,
le reconnut fort bien, ayant à son giron
trouvé à l'instant une ombelle rose
de jonc fleuri. Pourtant, malgré son trouble,
elle prit, tout heureuse et pleine de son rêve,
la fleur qui nageait et retourna au lit.
Mais à âme qui vive, ce qu'elle avait cru voir,
elle se garda bien, mignonne, de le dire,
jalouse vraiment, autant qu'une chatte,
de sa vision trop tôt évanouie.
Ah! que de fois la jeune fille, cet été,
dans ses langueurs de nuitée chaude,
aux lunaisons si claires de septembre,
revint au délicieux appât de sa rencontre!
Mais elle remarqua une chose : à la « mouille »
chaque fois qu'en entrant elle s'était signée,
ainsi qu'étant petite elle faisait toujours,
au cours fougueux de l'eau mystérieuse
en vain livrait-elle son corps virginal :
dans ces nuits-là, le beau génie du Rhône
à la baignade, — pauvre petite, attends,
attends toujours! — lui faussait compagnie.

CANT SETEN

LA FONT DE TOURNO

LV

Ounte n'erian? La rigo coundriéulenco,
Au fiéu de l'oundo, intravo à l'archipèlo
Dóu Malatra, plen d'aubre e de verduro,
Quand, touto risouleto, sus la ribo
Apareiguè, coume s'es di, l'Angloro.
— Tòti! a fa lou grand patroun di barco
En estendènt li bras en travessiero.
Se trais lou cau en terro; la chatouno
L'envòuto à-n-un soucas; l'ami Jan Rocho
Destaco lèu lou nègo-chin: — Poulido,
Anen, dis, zóu dedins, que peses gaire. —
E d'aise, l'agantant pèr la centuro,
Èu l'isso dins la nau, hopo lanlèro!
Cadun ié vèn touca li cinq sardino,

CHANT SEPTIÈME

LA FONTAINE DE TOURNE

LV

Où étions-nous ? Le train de Condrieu,
au fil de l'onde, entrait dans l'archipel
du Malatra, plein de verdure et d'arbres,
quand, toute souriante, sur la rive
leur apparut, comme il s'est dit, l'Anglore.
— « Arrêt ! » s'est écrié le grand patron des barques
étendant les bras transversalement.
On jette l'amarre en terre ; la fillette
la noue à un vieux tronc ; l'ami Jean Roche
détache la nacelle aussitôt, et : — « La belle,
allons, dit-il, dedans ! Tu ne pèses pas lourd... »
Et, doucement, la prenant par la taille,
il la hisse, houp là là ! dans le bateau.
Chacun vient lui toucher les *cinq sardines*[1].

Cadun ié fai : — Eh ! bèn, que dis l'Angloro ?
— Dise tout bèn de vous. — E la póusito,
N'i'a ? n'i'a ? — N'i'a pas que n'i'aguè, dins li semo,
Mai toujour coume acò, basto que dure ! —
Levado vòuto au cau, van querre en foro
Lou gros pilot dòu pont, e vogo à baisso !
Or tout reviscoula de rire em'elo,
Qu'en pro s'èro assetado la pichouno,
Jan Rocho ié venguè : — Santo que canto !
S'aviés pas mai de sèn que iéu, Angloro,
Sabes pas que farian ? — Pancaro, digo...
— Eh ! bèn, deman au vèspre, dins Bèu-Caire,
Anarian vèire ensèmble li coumèdi ;
Farian parèu sus lou Prat ; en brasseto,
Vers li bóumiano que tiron l'escorpe
Nous farian dire la bono fourtuno ;
Vòutejarian pèr tóuti li cabano ;
Te croumpariéu un bèl anèu... — De vèire !
— Noun, pas de vèire : d'or. E, rèire-fiero,
Te menariéu pèr nòvio à Sant-Maurise.
— Boudiéu ! en galejant faguè la chato,
Pèr demoura tout l'an amount souleto
Emé de gènt que soun jargoun fai rire ?
— Ah ! vai, que nòsti rigaudoun soun brave
Pèr danseja sus li bargiho ensèmble...
— Jan Rocho, noun ; e tè, vos que te digue,
Iéu, moun franc valentin ? Siés un bon drole,
Siés gros, gaiard, siés (coume dis moun paire)
Un ribeiròu de la proumièro lèvo...
Mai n'i'a'n mai avança que tu, moun ome !

CHANT VII, LA FONTAINE DE TOURNE. 157

chacun lui fait : — « Eh bien, que dit l'Anglore ? »
— « Je dis tout bien de vous. » — « Et la cueillette,
y en a-t-il ? » — « Pas trop, dans les sablons...
Mais toujours comme ça, on est content ! »
Le câble démarré, ils vont prendre en dehors
le gros pilote du pont, et en aval !
Or, tout ravigoté de railler avec elle,
car à la proue s'était assise la petite,
Jean Roche dit : « Sainte qui chante[1] !
si tu n'étais pas plus sensée que moi, Anglore,
ce qu'on ferait, sais-tu ? » — « Pas encore, dis... »
— « Eh bien, demain soir, dans Beaucaire,
nous irions voir les comédies ensemble;
en couple, sur le Pré, bras dessus bras dessous,
vers les bohémiennes qui font l'horoscope
nous nous ferions dire la bonne fortune;
nous trôlerions par toutes les baraques;
et je t'achèterais un bel anneau... » — « De verre ! »
— « Non, pas de verre : d'or. Et, fin de foire,
je te ramènerais pour femme à Saint-Maurice. »
— « Ho ! fit en plaisantant la jeune fille,
pour demeurer tout l'an là-haut seulette
avec des gens dont le jargon fait rire ? »
— « Ah ! que nos rigaudons, va, sont charmants
pour danser ensemble sur les chènevottes... »
— « Jean Roche, non; et tiens, veux-tu que je te dise,
moi, mon franc *valentin*[2] ? Tu es un bon garçon,
tu es gros et gaillard, oui (comme dit mon père),
tu es un riverain de première volée...
Mais il en est un qui t'a devancé, mon brave !

Un que dins li revòu, que dins li toumple,
Dins lis engloutidou, li cros, li mueio,
T'emboursarié, te negarié, moun paure,
Se te prenié de pesca dins sa lono. —
E s'esclatè la chato d'un bèu rire :
Talo uno pesqueirolo, quand cabusso
Pèr aganta 'n peissoun e que respousco.

LVI

Dóu tèms que l'autre, nè, fougno en silènci,
Dóu tibanèu mounte dourmié — lou prince
Guihèn d'Aurenjo, làvi coume un astre,
Veici que sort, tenènt à la man drecho
Un brout d'esparganèu que vèn de cueie,
De l'autre las de la nau, sus la lono,
E cantejant, tout dourmihous encaro,
A miejo voues, la cansoun de Veniso :

    Sus moun batèu que lando
    Nous raubaren au fres,
    Car siéu prince d'Oulando
    E noun ai pòu de res!

— Tè! sarié pas aquéu? — faguè Jan Rocho
En la quitant pèr courre vers l'empento,
De l'autre bout, que Mèste Apian bramavo:

un qui dans les gouffres, qui dans les abîmes,
dans les tourbillons, les bas-fonds, les mouilles,
t'enfoncerait, te noierait, malheureux,
s'il te prenait à pêcher dans sa lone. »
Et d'un beau rire éclata la fillette :
pour happer le poisson, telle une mouette plonge
et fait rejaillir l'eau.

LVI

Pendant que l'autre, penaud, boude en silence,
voici que, de la tente où il dormait, le prince
Guilhem d'Orange, pimpant et radieux,
sort, en tenant à la main droite
un brin de jonc fleuri qu'il a cueilli
sur la lone, de l'autre côté de la barque,
et chantonnant, tout somnolent encore,
à demi-voix, la chanson de Venise :

> *Sur mon bateau qui file*
> *Viens, je t'enlève au frais :*
> *Car, prince de Hollande,*
> *Je n'ai peur de personne.*

— « Tiens, ne serait-ce pas celui-là ? » fit Jean Roche
en la quittant pour courir au timon,
vers l'autre bout — où Maître Apian criait :

— Ié fas lou conte de la Barbo-Bluio,
Que! galapian, o de la Melusino,
A-n-aquelo drouleto? — Mai l'Angloro,
Entre vèire lou prince à como bloundo,
Èro subitamen vengudo palo :
Faguè, soun sang, un cabus dins si veno
Que, d'entant-lèu, toumbavo cor-falido.
— Es éu! es éu! — quilè coume uno folo
En s'agripant de-reculoun i courbo;
E tau qu'un diéu, èro aqui, la paureto,
Que lou belavo, amourouso e cregnènto,
Coume uno bouscarido pivelado
Que, d'uno serp à la regardaduro,
Irresistiblamen fau que degole.
L'esperit e lou cor en meraviho,
En ié risènt d'uno façoun courteso,
Guihèn alor ié dis : — Te recounèisse,
O flour de Rose espelido sus l'aigo!
Flour de bonur qu'ai entre-visto en sounge,
Pichoto flour, la bèn trouvado fugues! —
Respoundeguè, tout-d'un-cop enardido :
— Te recounèisse, o Dra! Souto la lono
T'ai vist en man l'esparganèu que tènes.
A ta barbeto d'or, à ta pèu blanco,
A tis iue glas qu'embernon e trafuron,
Vese quau siés. — Guihèn la flour ié douno,
E tóuti dous, liga pèr lou mistèri,
An tresana. Car lis amour van vite,
Uno fes dins la nau que lis emporto,
Predestina, sus lou flot.

CHANT VII, LA FONTAINE DE TOURNE.

— « Tu lui fais le conte de la Barbe-Bleue,
dis, garnement, ou de la Mélusine,
à cette bachelette? » Mais l'Anglore,
dès qu'elle a vu le prince aux blonds cheveux,
était soudain devenue pâle :
le sang lui tourna si fort dans les veines
qu'elle faillit tomber en pâmoison.
— « C'est lui! c'est lui! » cria-t-elle affolée,
en s'agrippant à reculons aux courbes;
et, tel qu'un dieu, la pauvrette était là
qui l'admirait, amoureuse et craintive,
ainsi qu'une fauvette fascinée
qui, au regard d'une couleuvre,
irrésistiblement est obligée de choir.
Mais, l'esprit et le cœur émerveillés,
en souriant d'une façon courtoise
Guilhem lui a dit : — « Je te reconnais,
ô fleur de Rhône épanouie sur l'eau!
Fleur de bonheur que j'entrevis en songe,
petite fleur, sois-tu la bien trouvée! »
Et elle répliqua, tout d'un coup enhardie :
— « Drac, je te reconnais! car sous la lone
je t'ai vu dans la main le bouquet que tu tiens.
A ta barbette d'or, à ta peau blanche,
à tes yeux glauques, ensorceleurs, perçants,
je vois bien qui tu es. » Guilhem lui donne
la fleur, et tous les deux, liés par le mystère,
ont tressailli. Car les amours vont vite,
une fois dans la nef qui les emporte,
prédestinés, sur le flot.

LVII

        Lis arcado
Dóu Pont Sant-Esperit, espetaclouso,
Ie passon en triounfle sus la tèsto.
Li barcatié, beissant lou front, saludon
Sant Micoulau dins sa capello antico,
Demoulido au-jour-d'uei, mais qu'aparavo
I tèms ancian l'arcado mariniero,
Pèr soun engoulidou tant dangeirouso
Que li batèu perdu noun se ié comton.
La Prouvènço aparèis : es soun intrado,
Lou Pont Sant-Esperit emé si pielo
E si vint arc superbe que se courbon
En guiso de courouno sus lou Rose.
Acò's la porto santo e courounello
De la terro d'amour. L'aubre d'óulivo,
Lou mióugranié tout fièr de si papàrri
E li gràndi mihiero capeludo
Oundron deja li cremen e li costo.
Lou plan se relargis, li bro verdejon,
Dins lou clarun lou cèu s'emparadiso,
Lis Uba dóu Ventour se laisson vèire :
Lou princihoun d'Aurenjo e la pichoto
Rapugarello d'or, ié sèmblo qu'intron
Dins la benedicioun. Èu se delèto

LVII

Les arcades
du Pont Saint-Esprit, prodigieuses,
leur passent en triomphe sur la tête.
Les bateliers, baissant le front, saluent
saint Nicolas dans sa chapelle antique,
démolie aujourd'hui, mais qui sauvegardait
aux temps anciens « l'arcade marinière »,
dont l'ouverture était si dangereuse
qu'on n'y compte plus les bateaux perdus.
La Provence apparaît, car son entrée,
c'est le Pont Saint-Esprit avec ses piles
et ses vingt arcs superbes qui se courbent
en guise de couronne sur le Rhône.
C'est là la porte sainte, la porte triomphale
de la terre d'amour. L'arbre d'olives,
le grenadier, fier de sa floraison,
et les millets aux grandes chevelures
ornent déjà les côtes et les alluvions.
La plaine s'élargit, les orées verdoient,
dans la clarté le ciel s'emparadise,
on aperçoit les Ubacs du Ventour[1] :
le princillon d'Orange et la petite
glaneuse d'or croient pénétrer d'emblée
dans la bénédiction. Lui se délecte

(Ai! la bevèndo fresco e deliciouso!)
A béure dins aquelo jouventuro
La vido à soun sourgènt que gourgoulino,
L'esmeravihamen de l'amo novo
Qu'en tóuti li mirage fai bouqueto
E qu'à soun ilusioun se liéuro touto.

LVIII

Dóu trassegun d'amour elo embriago,
Dins aquéu bèu segnour que l'embelino
Retrovo en plen lou Dra que souto l'erso,
Au tremoulun blanquinèu de la luno,
L'a tant e tant de fes enfachinado.
E que i'a d'estounant que, diéu dóu Rose,
Se coumplaigue à treva, dins soun caprice,
Emé li barco e li gènt de ribiero!
Vesèn-ti pas li vibre, à founs de calo,
Veni dins li batèu, de-fes, s'escoundre,
Que fau, pèr li coucha, se batre em'éli!
Patroun Apian, lou gros Tòni emai d'autre,
Vers li roucas eilamount de Dounzero,
L'an-ti pas vist, lou Dra, souto la formo
D'un couloubrau gros coume uno boutiho,
Sali dóu Rose, intra dins li bladado
En toursènt lis espigo e fasènt d'oundo
Que lou pilot, dóu segren, n'aguè febre

(ah! la boisson délicieuse et fraîche!)
à boire dans cette jeunesse
la vie à sa source toute bouillonnante
et l'émerveillement de l'âme neuve
qui sourit à tous les mirages
et se livre toute à son illusion.

LVIII

Elle, enivrée par le philtre d'amour,
dans ce beau seigneur qui la charme
retrouve en plein le Drac, qui sous la vague,
au blanc tremblement de la lune,
l'a fascinée tant et tant de fois!
Et quoi d'étonnant que lui, dieu du Rhône,
se plaise à fréquenter, dans son caprice,
avec les barques et les gens de rivière!
Ne voit-on pas les bièvres⁵, à fond de cale,
venir dans les bateaux, quelquefois, se cacher,
au point que, pour les mettre hors, il faut se battre!
Patron Apian, le gros Toni et d'autres,
vers les rochers de Donzère, là-haut,
n'ont-ils pas vu le Drac, sous la forme
d'un serpent ou dragon gros comme une bouteille,
sortir du Rhône et entrer dans les blés
en tordant les épis avec des ondes telles
que le pilote, d'effroi, en eut fièvre

E ié venguè pertout de sourtiduro!
L'an-ti pas vist tambèn dins la Courrejo
Dóu Pichot Rose, au téms que se meissouno,
S'esquiha d'acatoun souto li faudo
De quauco ligarello entre-dourmido
E, se i'entourtouiant à la centuro,
L'estregne douçamen emé si vòuto
E ié teta lou sen, d'aqui-que toumbe
De regalado emai de sadoulige!

LIX

E disié tout acò, l'esglariado,
I marinié que, de la vèire en dèstre,
De pau à pau s'èron aflata d'elo
O que de liuen aparavon l'auriho.
— Eh! bèn? quand te disiéu, fasié l'Angloro
A Jan Rocho esbahi que la miravo,
Quand te disiéu, badau, qu'èro mai lèri
Que ges de ribeiròu d'aquésti costo!
Agacho-lou, tout bèu, que sèmblo un prince!...
Parai? moun rèi, moun Dra, moun enmascaire,
Que moustraras à la tiéu amigueto
Li tengudo que trèves souto Rose,
Dins li soubau dóu palais de la Trouio
E d'aquéu dóu Grand-Priéu en ribo d'Arle,
E li baumo d'Ardecho, revestido

et que son corps se couvrit d'élevures!
Et ne l'a-t-on pas vu aussi, sur la lisière
du Petit-Rhône, au temps de la moisson,
en tapinois se glisser sous les jupes
de quelque moissonneuse à demi endormie
et, s'entortillant autour de sa taille,
l'étreindre doucement de ses circonvolutions
et lui téter le sein jusques à ce qu'il tombe
assouvi de lait et de volupté!

LIX

Et tout cela, l'hallucinée
le disait aux nochers qui, devant son transport,
s'étaient rapprochés d'elle peu à peu
ou qui de loin prêtaient l'oreille.
— « Quand je te le disais, eh bien? » faisait l'Anglore
à Jean Roche ébahi qui l'admirait,
« quand je te le disais, badaud, qu'il était crâne
plus que pas un riverain de ces côtes!
Regarde-le, tout beau, qui ressemble à un prince!...
N'est-ce pas, mon Drac, mon roi, mon enchanteur,
que tu lui montreras, à ta petite amie,
les endroits que tu hantes sous le Rhône,
dans les sous-sols du palais de la Trouille
et de celui du Grand-Prieur, en rive d'Arles,
et de l'Ardèche les grottes, revêtues

Rèn qu'emé de diamant e de dentello?
Parai? qu'à Mount-Dragoun me vas coundurre,
Toun castelas ounte la niue draquejes
E que vesèn escalabra si tourre
Sus li roucas arèbre de la cluso?
Parai? que dins Gardoun anaren vèire
Lou famous pont que bastiguè lou diable
Emé la lèbre que i'empeguè contro?
Parai? qu'anaren vèire dins lis erme
A miejo-niue la flamo dis Oulurgue
Que van plourant e gemissènt i rode
Ounte an aclapa d'or, qu'acò ié grèvo
D'èstre mort descounfès, à l'imprevisto,
Sènso avé decela soun escoundudo?

LX

Bourrin-bourrant, dins lou trelu, l'Angloro
Coume un esterveiet que se desviro,
S'èro enaurado ansin, lis iue alabre
E de l'esglai la caro sang-begudo.
Mai éu, Guihèn, ravi de soun rescontre
Qu'en plen païs alegri lou sóulèvo:
— O, ié respond emé soun plan d'Oulando,
Te menarai pertout, bello amigueto!
De ma principauta mourganatico
D'Aurenjo, tu, siegues la fabulouso

rien qu'avec des diamants et des dentelles?
N'est-ce pas que tu vas me conduire à Mont-Dragon,
ton grand château, où la nuit tu dragonnes,
et dont nous voyons se cabrer les tours
sur les rochers escarpés de la « cluse »?
N'est-ce pas que nous irons voir sur le Gard
le fameux pont que le diable y bâtit
avec le lièvre qu'il y pétrifia[6]?
N'est-ce pas que nous irons voir dans les terres vagues,
sur le minuit, la flamme des Oulurgues
qui vont pleurant et gémissant aux lieux
où ils ont enfoui de l'or, car il leur pèse
d'être morts soudain et sans confession
et sans avoir décelé leur cachette? »

LX

Ainsi, dans le bleu l'Anglore en mots pressés,
vrai moulinet qui se déroule,
s'était exaltée avec l'œil ardent
et d'effarement le visage exsangue.
Mais lui, Guilhem, ravi de la rencontre
qui le soulève en plein pays magique[7] :
— « Oui, répond-il avec son flegme de Hollande,
je te mènerai partout, belle amie!
De ma principauté morganatique
d'Orange, tu seras la fabuleuse

Oundino, siegues la fado Mourgano! —
E'n se trufant li marinié diguèron :
— L'avès ausido ? a perdu la boussolo...
Aura begu, pauro ! à la font de Tourno
Que fai, coume se dis, vira canturlo. —
L'Angloro, fièro adamount sus lou tèume.
Piquè dóu pèd em' uno ricanado,
E de soun iue saurèu fissant la chourmo :
— Parlas-n'en plan, sabès ? gènt de marino,
D'aquelo font, alin, cridè mousqueto,
Que voste sort i'es escri sus la roco !
— Noste sort ? dequé dis l'estrelucado ?...
Parèis que vuei sara soun jour de luno, —
Brounzinejè la barcado en feloupo.

LXI

Tranquilamen, au fiéu de l'aigo bello,
Li barco descendien, ribejant d'isclo.
Èron entre Mournas e Sant-Estève
Di Sort (aquest, recàti d'escumaire :
Quand un enfant, se dis, ié vèn au mounde,
Pèr lou prouva lou bandisson à Rose ;
E se n'en tourno, bon pèr la marino
O la rapino, basto). Dins la cluso
Enmuraiado emé li fourtaresso
Ount debaussè Mount-Brun li Santo-bàrri

ondine, tu seras la fée Morgane! »
Et, se moquant d'elle, les mariniers dirent :
— « L'avez-vous entendue? Elle a perdu la carte...
Pauvre! elle aura bu à la fontaine de Tourne
qui fait virer la tête, comme on dit. »
Mais l'Anglore, campée fièrement sur la tille,
frappa du pied en ricanant,
et sur l'équipage fixant son œil fauve :
— « N'en parlez que tout bas, savez-vous, mariniers?
de cette fontaine, cria-t-elle brusque,
car sur la roche, là, votre sort est écrit! »
— « Notre sort? que dit-elle encore, la visionnaire?...
Ce sera, paraît-il, aujourd'hui, son jour de lune, »
murmura-t-on en groupe sur la barque.

LXI

Tranquillement, au fil de l'onde belle,
les bateaux descendaient, longeant des îles.
On était entre Mornas et Saint-Estève
des Sorts (repaire d'écumeurs, ce coin-là :
lorsqu'un enfant, dit-on, y vient au monde,
pour l'éprouver, dans le Rhône on le jette;
s'il en retourne, bon pour la marine
ou la rapine[8], bref). Au défilé,
muré par les remparts des forteresses
d'où Montbrun fit jadis sauter la garnison[9]

E que soun noum ié rado enca terrible
Emé li capoun-fèr, de rouino en rouino,
Intravon li sèt barco. Mai sus l'orle,
Talo qu'uno sibilo, adounc la vierge
Enaurant soun bras nus, ensuperbido
Pèr lou pantai ferouge que l'enchusclo,
Diguè : — La font de Tourno es un ouracle!
La font de Tourno, aquéli que l'an visto
M'engardaran de menti, s'avès doute.
L'aigo ié sort d'un ranc, plen de lambrusco,
D'entravadis, de bouis e de figuiero,
Fourmant un nai (lou Grand-Gourg, que l'apellon).
Sus la paret dóu ro, dins un encastre
Que regardo lou Rose, avès en subre,
Escrincela despièi quau saup li siècle,
La Luno fèlo e lou Soulèu — qu'espinchon.
Vers lou mitan 'i 'n biòu, que vai lou pougne,
Au vèntre un escourpioun, un chin lou mordre,
Em' uno serp... qu'à si pèd fai d'oundado.
Lou brau, plus fort que tout, a tengu tèsto,
Quand un jouvènt, enmantela dóu ristre,
Un fièr jouvènt, couifa de la bouneto
De liberta, ié tanco sa ligousso
E lou coto. En dessus dóu mourtalage
Un courpatas esfraious voulastrejo.
Devine-lou quau pòu, aquéu mistèri!

et où son nom terrible plane encore
avec les vautours, de ruines en ruines,
entraient les sept barques. Mais sur le plat-bord,
telle qu'une sibylle, alors la vierge
éleva son bras nu et, dans l'orgueil
et dans l'enivrement de son rêve farouche,
elle dit : — « La fontaine de Tourne est un oracle !
Ceux qui l'ont vue, la fontaine de Tourne,
me seront garants, si vous avez doute.
L'eau y sort d'un rocher plein de vignes sauvages,
de clématites, de buis et de figuiers,
formant un réservoir qu'on nomme le Grand-Gourg.
Sur la paroi du roc, en un encadrement
qui regarde le Rhône, vous avez dans le haut,
gravés depuis... qui sait les siècles ?
le Soleil et la Lune mauvaise — qui épient.
Vers le milieu, un bœuf, que sous le ventre
un scorpion va piquer, qu'un chien va mordre,
et un serpent qui à ses pieds ondoie.
Le taureau, lui, plus fort que tout, a tenu tête,
lorsqu'un jeune homme avec manteau flottant,
un fier jeune homme, coiffé du bonnet
de liberté, lui plonge à la nuque sa dague
et le tue. Au-dessus de la scène tragique
un corbeau effrayant étend ses ailes...
Devine-le qui pourra, ce mystère ! »

LXII

E roudihè, talo qu'un escalustre,
Sus li barquié sis iue en farandoulo.
— Iéu, escoutas! en cercant mi paiolo,
Countuniè pièi, un jour, de mueio en mueio,
Dins lou ragas dóu riéu m'ère agandido.
E i'a 'no vièio masco bourguesano
Que me venguè : « Miro la gravaduro
Que i'a sus aquéu baus! Li Fadarello
Qu'à tèms passa trevavon nòsti borno,
Pichoto, es éli que l'an engimbrado.
Lou biòu que veses, lou Rouan, que trimo
Au regard dóu Soulèu e de la Luno,
Au bèu mitan, sabes quau represènto?
L'antique barcarès dóu flume Rose,
Que de pertout l'assauton, l'agarrisson
Lou marridun e lou trigos de l'oundo.
Lou serpatas que souto d'éu barrulo,
Acò's lou Dra, lou diéu de la ribiero;
E lou jouvènt qu'au brau tanco l'espaso,
Lou jouvenas que porto sus la tèsto
Lou bounet rouge, — ensouvèn-te, pichoto,
De ço que te predise, — es lou destrùssi
Que dèu un jour tua la marinaio,
Lou jour que pèr toujour, de la ribiero,
N'en sourtira lou Dra que n'es lou gèni!

LXII

Et elle promena, comme une possédée,
sur les nautoniers ses yeux à la ronde.
Puis continuant : — « Écoutez-moi, dit-elle;
En cherchant mes paillettes, un jour, de mouille en mouille,
j'avais pris et suivi le ravin de la source.
Et une vieille sorcière du Bourg [10]
m'accosta et me dit : « Regarde la gravure
« qu'il y a sur ce roc! Les fées charmeuses
« qui fréquentaient au temps jadis nos grottes,
« elles-mêmes l'ont agencée, petite!
« Le bœuf que tu vois là, le *Rouan* [11], qui travaille
« au regard du soleil et de la lune,
« au beau milieu, sais-tu qui cela représente?
« L'antique batellerie du fleuve Rhône,
« qu'attaquent de partout, que de partout assaillent
« la malignité, le cahot de l'onde.
« Le grand serpent qui se roule sous lui,
« c'est le Drac, dieu de la rivière;
« et celui qui égorge le taureau,
« le dur jeune homme qui sur la tête porte
« le bonnet rouge, — petite, souviens-toi
« de ma prédiction, — c'est le destructeur
« qui doit un jour tuer les mariniers,
« le jour où pour jamais de la rivière
« sera sorti le Drac qui en est le génie! »

LXIII

Li barquié risien plus : car sus li dougo
Courrié, de liuen en liuen, d'aquéli novo
Que marcon rèn de bon. Dins la barcado
Li moussu de Lioun parlavon meme
De gros batèu à fiò que pèr machino,
Sènso chivau ni maio ni fidello,
Remountarien contro aigo. — Oh! ço! d'estùrti
Poudrien crèire aquéli falabourdo! —
Bramavo Mèste Apian, quand se charravo
D'aquélis envencioun. — Mai s'avien d'èstre,
Dequé devendrien tant d'ome e d'ome
Que vivon dóu trahin de la ribiero,
Rigaire, carretié, lis aubergisto,
Li porto-fais, li courdié, tout un mounde
Que fai lou grou, lou chamatan, lou fube,
L'ounour, lou trefoulige dóu grand Rose?
Mai vesès pas que n'i' aurié, cavalisco!
Pèr ensuca, bougre, à cop de partego
Tóutis aquéli gus de tiro-l'aufo,
De treboulo-coumuno e filousofe! —
Uno aprensioun pamens, èro vesible,
Venié de s'espandi sus li figuro;
E n'èro pas sèns crento que Jan Rocho,

LXIII

Les bateliers ne riaient plus, car sur les berges,
de loin en loin il courait des rumeurs
d'assez mauvais augure. Sur la barque
les messieurs de Lyon parlaient déjà
de gros bateaux à feu qui par machine,
sans chevaux haleurs, sans câble ni traille,
remonteraient contre eau. — « Allons donc ! quelques sots
pourraient croire à ces balivernes ! »
bramait Maître Apian, lorsque l'on causait
de ces inventions. « Mais si ça pouvait être,
que deviendraient tant d'hommes et tant d'hommes
qui vivent du travail de la rivière,
bateliers, charretiers, les aubergistes,
les portefaix, les cordiers, tout un monde
qui fait le grouillement, le brouhaha, la foule,
l'animation et l'honneur du grand Rhône ?
Mais ne voyez-vous pas qu'il y aurait de quoi
assommer, bougre ! à coups de gaffe
tous ces gueux d'exploiteurs du peuple,
de perturbateurs et de philosophes ! »
Une appréhension pourtant, c'était visible,
venait d'assombrir les visages ;
et ce n'est pas sans crainte que Jean Roche,

Entravaca pèr tant de causo treblo,
Arregardavo aquéu jouvènt estrange
Que, lou matin d'avans, sus la pinello
Avié sauta, venènt de sai pas mounte.

embrouillé qu'il était par tant de choses troubles,
examinait ce jouvenceau étrange
qui, le matin d'avant, sur la penelle
avait sauté, venant on ne sait d'où.

CANT VUECHEN

A L'AVALIDO

LXIV

Souto lou tibanèu lou blound calandre
Emé l'Angloro, pièi, tout plan-planeto
S'èron ramba pèr i'èstre un pau à l'oumbro.
La frapacioun suavo o la mascoto
Qu'au miramen de l'aigo enganarello
A la longo dóu tèms l'avié sesido,
La tenié bèn, la chato dóu mudaire;
E'mé sis iue viscard de perdigouno
Que sèmpre i'esluciavo un refoulèri,
Emé soun nas couquin, si bouco roso,
Ah! n'en falié pas tant, vous assegure,
Pèr ié douna soun mau au jouine prince!
— Mais en que dounc, aquest ié remenavo,
M'as couneigu? — L'esperitado jouvo

CHANT HUITIÈME

A HORIZON PERDU

LXIV

Le blond galant, sous la tente de toile,
et l'Anglore avec lui, tout doucement
s'étaient réfugiés pour avoir un peu d'ombre.
La suggestion suave ou l'ensorcellement
qui, au mirage de l'eau insidieuse,
à la longue du temps l'avait saisie,
la tenait bien, la fille du pilote ;
et avec ses yeux égrillards de perdreau
où semblait toujours briller un caprice,
avec son nez mutin, ses lèvres roses,
ah ! pour qu'elle donnât son mal au jeune prince,
il n'en fallait pas tant, je vous assure !
— « Mais à quoi donc, revenait-il encore,
m'as-tu connu ? » — La jeune hallucinée

*Ié respoundié : — Te l'ai ja di, moun mèstre!
La flour d'esparganèu que m'as pourgido,
La pourtaves-ti pas, au founs di mueio,
Quand te vesiéu blanquejant à la luno,
Me pivelant vers tu, me fasènt signe
E m'enclausènt emé ti menganello,
Talamen que despièi siéu toun esclavo
E que, se me veniés à dire : « Vole
Que lampes emé iéu au bout dóu mounde,
Sèns jamai t'arresta, brido abatudo,
Coume aquéli famous Chivau Terrèstre
Qu'à galop, à galop courrènt de-longo,
Fan lou tour de la Terro, sènso brido,
Partiriéu en voulant! — Mai se, ma bello,
Te disiéu que t'embules e que parles
Au fiéu dóu rèi d'Oulando ? à la subito
Ié demandè Guihèn. — Moun Dra, l'Angloro
Ié rebriquè, diriéu que te tremudes
En touto formo que t'es agradouso;
Diriéu que te siés mes Prince d'Aurenjo
(Coume ié fas encrèire à la barcado)
Pèr quauque ramagnòu o cigalige
Qu'es au-dessus de ma coumpreneduro...
Mais te counèisse, iéu, de longo toco
E, moun bèu Dra, vai, que siér que t'escoundes?
T'ai devina rèn qu'à toun èr de prince,
A toun carnen jouine e fres coume l'aigo,
A tis iue blavinèu, à ta barbeto
Mai sauro e fino que la glaujo rousso! —*

lui répondait : — « Je te l'ai dit, mon maître !
La fleur de jonc fleuri¹ que tu m'offris,
ne la tenais-tu pas en main, au fond des mouilles,
quand je te vis, tout blanc, au clair de lune,
me fascinant vers toi, me faisant signe
et m'envoûtant de tes minauderies,
tellement que je suis depuis lors ton esclave
et que, si tu venais à me dire : « Je veux
« que tu fuies avec moi au bout du monde,
« sans jamais t'arrêter, bride abattue,
« ainsi que ces fameux Chevaux Terrestres
« qui, courant au galop perpétuellement,
« font le tour de la Terre, débridés²,
« je partirais d'un vol ! » — « Mais si, ma belle,
je te disais que tu te méprends, que tu parles
au fils du roi de Hollande ? » soudain
lui demanda Guilhem. — « Mon Drac, » l'Anglore
riposta, « je dirais que tu te transfigures
en toute forme qui t'est agréable,
et que, si tu t'es mis Prince d'Orange
(ainsi que tu le fais accroire à la barquée),
c'est pour quelque lubie ou fantaisie folâtre
qui passe ma compréhension...
Mais je te connais, moi, de longue date
et, mon beau Drac, à quoi bon te cacher ?
Va, je t'ai deviné rien qu'à ton air de prince,
à ta charnure jeune et fraîche comme l'eau,
au bleu clair de tes yeux et à ta barbe
plus dorée et plus fine que la fleur d'iris jaune ! »

LXV

Aqui, parai? i'avié rèn à respondre,
Senoun que d'embrassa la foulinello.
Davans la fe qu'ansin lou diviniso
(Amour, se saup que pèr amour se pago),
Guihèn d'un fiò divin sènt dins si veno
S'atuba l'estrambord, la flamo courre.
E dins li bras l'un de l'autre cabusson,
A plus saupre di dous, éu o l'Angloro,
Quint es lou mai enclaus o lou mai ébri.
E vougavon li nau, tóuti souleto,
Au mitan di coustiero arrengueirado,
Sus l'aigo proumto, emé de long silènci.
De liuen en liuen passavo quauque vibre,
Pèr avé soun alen sourtènt lou mourre,
Rapidamen davalant à la nado;
E sus l'afrèst di gràndi tèndo flusso
Li barbasan venien, rasant lou Rose,
Faire pauseto. D'acatoun, ensèmble,
Contro l'empielamen di balot moufle,
A-n-elo éu ié disié dins soun estrencho:
— Aflato un pau toun cor plen d'armounìo
Contro lou miéu, pèr que l'entènde batre!
Regardes pas dins l'aigo qu'es trop founso,
Regardes pas la terro qu'es trop liuencho,

LXV

Il n'y avait, n'est-ce pas? rien autre à répliquer
que d'embrasser sur le coup la follette.
Devant cette foi qui le divinise
(amour, c'est connu, par amour se paye),
Guilhem d'un feu divin sent dans ses veines
s'allumer le transport, courir la flamme.
Et les voilà qui tombent dans les bras l'un de l'autre,
à ne plus savoir, de lui ou de l'Anglore,
lequel est le plus ivre, le plus ensorcelé.
Et les barques voguaient à vau-l'eau, toutes seules,
au milieu des coteaux parallèles aux rives,
sur le courant, avec de longs silences.
De loin en loin passait quelque castor,
sortant le museau pour reprendre haleine,
rapidement descendant à la nage;
et sur le faîte des grandes bannes floches
les hirondelles venaient, rasant le Rhône,
se reposer. Dissimulés ensemble
contre l'empilement des ballots rebondis,
il lui disait dans son étreinte :
— « Approche un peu ton cœur plein d'harmonie
contre le mien, que je l'entende battre!
Ne regarde pas dans l'eau — qui est trop profonde,
ne regarde pas la terre — qui est trop loin,

Regardes pas lou cèu, qu'éu es trop vaste :
Regardo dins moun amo ounte souleies! —
Mai elo, en escartant de sa centuro
La man dóu princihoun trop catihouso :
— Ve, ve, diguè, ve-n'en eila-deforo,
Vers lou dougan, d'aquelo flour que cerques! —
E courreguè 'n risènt, enfantoulido,
A l'orle dóu batèu.

LXVI

En paro-plueio
Quihado au bout d'un jounc, la flour rousenco
S'espandissié souleto sus la limo
D'uno pichoto mueio noun prefoundo.
— Mai, Dra, de mounte vèn, faguè l'Angloro,
Que l'ames tant, aquelo flour ? — M'agrado,
Respoundeguè, pèr-ço-que te reverto...
Siés pas la flour d'amour, tu que, nascudo
Coume elo au sen de l'aigo, simboulises
La dileicioun unenco e proumierenco
D'un mounde nòu e blèuge de jouvènço ? —
Elo escoutavo, touto esperlucado,
Aquéli mot galant, plen de magìo...
Èu countuniè : — Te la vau dire, escouto,
L'istòri de ma flour. Dins uno gorgo,
Au pèd d'un baus, la bello Galatèio

ne regarde pas le ciel — qui est trop vaste :
regarde dans mon âme où tu es le soleil ! »
Mais elle, en écartant de sa ceinture
la main du petit prince un peu aventurée :
— « Vois, vois, dit-elle, en voici là dehors,
vers le rivage, de la fleur que tu cherches ! »
Et elle s'échappa, riant comme un enfant,
à l'orée du bateau.

LXVI

        Or, en ombelle,
juchée au bout d'un jonc, la fleur rosée
s'épanouissait seule dans la vase
d'une petite mouille peu profonde.
— « Mais, fit l'Anglore, Drac, d'où vient
que tu l'aimes tant, cette fleur ? » — « Elle me plaît,
répondit-il, parce qu'elle te ressemble...
N'es-tu pas la fleur d'amour, toi qui, née
comme elle au sein de l'eau, symbolises
la dilection unique et primitive
d'un monde neuf et brillant de jeunesse ! »
Elle écoutait, les yeux tout grands ouverts,
ces jolis mots, pleins de magie...
Il continua : — « Je vais te la dire, écoute,
l'histoire de ma fleur. Dans une gorge,
au pied d'une falaise, la belle Galatée

E lou pastour Acis, uno vegado,
Asseta au sòu, se countavon jouïno.
Pensant en rèn — qu'à sa bono fourtuno.
Dóu tèms que se bevien aqui l'un l'autre,
Pereilamount lou pastras Poulifème,
Qu'èro un Uiard e jalous de la ninfo
Coume se pòu pas mai, — oh! lou laid moustre!
Li vai decebre avau que fadejavon.
Abrama d'iro, arranco d'uno roco,
Èu, un clapas que toumbo à la barrulo
E vèn, pecaire! escracha sus la tepo
Lou bèu parèu. Mescla, soun sang regolo!
La terro maire e li diéu, coumpassible
Bèn talamen! n'en moustrèron miracle.
Acis en rajeiròu faguè sa mudo;
En flour faguè la siéuno Galatèio,
La flour d'esparganèu que iè sort dintre,
Rouginello enca 'n pau e palinouso.
— Cavalisco l'Uiard! cridè l'Angloro;
E se virant vers lou prouvié : — Pèr astre,
Sarié pas tu l'Uiard que nous respicho?
Diguè 'n risènt à Jan Rocho. — Bouèmio!
Quau jogo emé la flamo, un jour se brusclo, —
Prejitè lou ragas en grand piquiero.
Mai dins l'azur de l'èr, elo auturouso,
Boulegant soun bouquet, la flour óuferto
Pèr soun bèu Dra, diguè : — Iéu siéu flourido
Pèr la vertu de l'aigo : rounflo, Rose,
Dins toun lié founs, que sabe ço que sabe!...

et le berger Acis, une fois,
assis par terre, se contaient fleurette.
Et ne songeant à rien — qu'à leur bonne fortune,
pendant que là ils se buvaient l'un l'autre,
du haut du mont le pâtre Polyphème,
qui était un cyclope et jaloux de la nymphe
comme il ne se peut plus, le vilain monstre!
les découvre là-bas qui se jouaient.
Enflammé de dépit, il arrache d'un roc
un quartier qui, roulant, se précipite
et, las! vient écraser sur le gazon
le beau couple. Leur sang mêlé ruisselle!
La terre maternelle, les dieux eux-mêmes, pris
de grand'pitié, montrèrent un prodige :
Acis fut changé en ruisseau;
en fleur fut changée Galatée,
la fleur en ombelle qui sort dans ses eaux,
encore un peu rouge, encore un peu pâle. »
L'Anglore s'écria : — « Maudit cyclope! »
Et s'adressant au prouvier : « Par hasard,
ce ne serait pas toi le cyclope espionneur? »
dit-elle en riant à Jean Roche. — « Bohémienne!
qui joue avec la flamme, un jour se brûle, »
invectiva le gars piqué au vif.
Mais dans l'azur de l'air, elle, hautaine,
agitant son bouquet, la fleur offerte
par son beau Drac, dit : — « Moi, je suis fleurie
par la vertu de l'eau : et gronde, Rhône,
dans ton tréfonds! Je sais ce que je sais... »

LXVII

— *Arrasso eila-davans!* — *Sus la ribiero*
Un long cop de siblet gisclè tout-d'uno
E, descendènt à la mudo, à la coucho,
l'aguè 'no embarcacioun que rasclè contro
En gagnant de camin : uno grand fusto,
Aguènt d'un bout à l'autre uno cadeno
Que i'èron enresta, couble pèr couble,
Un bourdigau de touto traço d'ome.
— *Arri, li bòni-voio! anè iè dire*
Un jouine ribeirié. — *Chut! sarnibiéune!*
Que vous demandon pas se l'auro es bruno,
Faguè Patroun Apian. Li miserable
An bèn proun de soun mau, sènso l'escorno...
E fagués pas semblant de li counèisse,
Que, marca sus l'espalo, cercon l'oumbro...
E que d'eisèmple en tóuti acò vous fugue!
Van à Touloun, ai! las! manja de favo...
E i'a de tout aqui : de gènt de glèiso,
De sacamand, de noble, de noutàri,
Enjusquo d'innoucènt! — Emé d'iue torge
Passèron li fourçat, tau que li trèvo
De la Barco à Caroun. Ansin lou mounde,
Ansin lou tressimàci de la vido,
Lou bèn, lou mau, lou chalun, la magagno,

LXVII

— « Gare devant, là-bas! » — Sur la rivière
un long coup de sifflet stridula tout à coup
et, descendant taciturne, à la hâte,
rasa, bord à bord, une embarcation
qui prit le devant : une grande toue,
ayant d'un bout à l'autre une chaîne de fer
où était attaché, couple par couple,
un ramassis de toute espèce d'hommes.
— « Ohé! bonnes-voglies! » alla leur dire
un jeune marinier. — « Silence, maugrebleu!
Vous demande-t-on si la bise est brune?
fit le patron Apian. Les misérables
ont bien assez de leur mal, sans l'insulte...
Et n'ayez pas l'air de les reconnaître,
car, marqués sur l'épaule, ils cherchent l'ombre...
Et que d'exemple à vous tous cela serve!
Ils vont manger des fèves à Toulon, malheureux!...
Il y a là de tout : des gens d'église,
des chenapans, des nobles, des notaires,
voire des innocents! » L'œil de travers,
passèrent les forçats, tels que les spectres
de la Barque à Charon. Ainsi le monde,
ainsi l'agitation, le trantran de la vie,
le bien, le mal, le plaisir, la douleur,

Van en courrènt, van chauchiero-e-boutiero,
Entre lou jour e la niue, sus la lono
Dóu tempouran que se debano e fuso.

LXVIII

Li galiot s'esvarton à la baisso
Vers lou Revestidou. La Pibouleto,
Cassiéu reiau di segne d'Ancezuno
Que dins soun vièi blasoun se i'escaràmio
Lou Dra dóu Rose à la fàci oumenenco,
Enridello d'aubriho Cadarousso.
— Ounte es Aurenjo? i barcatié demando
Guihèn, ounte es aquelo Glourieto,
Palais e nis de nòsti rèire ilustre?
— Eila-darrié, li barcatié respondon.
— E mounte sias, Guibour, valènto espouso
De Guihèn dóu Court Nas, e tu, princesso
Tibour d'Aurenjo? — Eila-darrié, replicon
Li bràvi marinié, darrié lis aubre
Que la paret dóu Cièri nous escoundon
E l'Arc de Marius : noun se pòu vèire
D'eici que Crèbo-cor. — Glòri perdudo
E bèn noumado, adiéu! cridè lou prince
En eissugant uno lagremo espouncho
Que lou soulèu faguè lusi: counservo,
O vilo d'or, o noste ounour d'Aurenjo,

s'en vont courant, s'en vont confusément,
entre le jour et la nuit, sur le fleuve
du temps houleux qui se déroule et fuit.

LXVIII

Les galériens disparaissent au sud
vers le Revestidou. La Piboulette,
chasse royale des sires d'Ancezune,
au vieux blason desquels se grime
le Drac du Rhône à face humaine,
d'un rideau d'arbres entoure Caderousse.
— « Où est Orange? demande aux bateliers
Guilhem. Où est sa Gloriette,
nid et palais de nos aïeux illustres? »
— « Là derrière, » répondent les hommes de la barque.
— « Où êtes-vous, Guibour, vaillante épouse
de Guilhem au Court-Nez, et toi, princesse
Tibour d'Orange? » — « Là derrière, répliquent
les braves mariniers, là, derrière les arbres
qui nous dérobent le mur du Ciéris
et l'Arc de Marius : on ne peut voir
d'ici que Crève-cœur⁴... » — « Gloire perdue
et bien nommée, adieu! cria le prince
en essuyant une larme naissante
que le soleil fit scintiller; conserve,
ô ville d'or, ô notre honneur d'Orange,

A tout lou mens counservo la memòri
D'aquéli que n'an pas terni toun lustre!...
Mai de que vau me plagne o traire peno,
Ajustè pièi, s'ai iéu perdu l'Empèri
Pèr deveni lou diéu de l'aigo masco! —
La manideto, en ié vesènt l'iue mouisse,
L'avié pres pèr la man e, famihiero,
Coume dins li pantai acò se passo,
Ié diguè : — Dra, mai li diéu tambèn plouron? —
E siavamen, sourtènt de ravadisso,
Éu ié respoundeguè : — Se noun plouravon,
Sarien, li diéu, gaire mai que de pèiro...
E l'Amour que n'es un, de diéu, mignoto,
Ço qu'a de mai divin, es li lagremo. —

LXIX

En Auselet lis auceloun de l'isclo
Fasien piéu-piéu de-long di bro fuiouso.
Lou ventoulet adusié di mountagno
La sentour di lavando emé di nerto
Que dins li Coumbo-Masco èron flourido.
La fin dòu jour, en alenant mai tousco,
Emplenavo li cor dòu languitòri
Qu'envahis tout, quand lou soulèu trevalo.
Despartissènt en dous Rose lou flume,
Vesien veni la Bartalasso verdo

à tout le moins conserve la mémoire
de ceux qui n'ont jamais terni ton lustre!...
Mais de quoi vais-je me plaindre ou m'attrister,
ajouta-t-il, si j'ai perdu l'Empire
pour devenir le dieu de l'eau magique! »
La jeune fille, lui voyant l'œil humide,
l'avait pris par la main et, familière,
comme cela se passe dans les songes :
— « Drac, lui dit-elle, mais les dieux pleurent donc? »
Et doucement, sortant de rêverie,
lui répondit : — « Mais s'ils ne pleuraient point,
ils ne seraient, les dieux, guère plus que des pierres...
Oui, mignonne, l'Amour est un dieu, en effet,
et ce qu'il a de plus divin, ce sont les larmes. »

LXIX

En l'île d'Auselet les oisillons
pépiaient tout le long des bords feuillus.
Le vent léger apportait des montagnes
La senteur des lavandes et des myrtes
qui dans les Combes-Masques étaient fleuris.
La fin du jour, avec son haleine plus tiède,
emplissait les cœurs de la nostalgie
qui envahit tout, quand le soleil baisse.
Ils voyaient arriver la Barthelasse verte,
partageant le fleuve en deux Rhônes,

E pièi plus rèn, que lou virant de l'oundo.
Mai tout-d'un-cop, tau qu'un ridèu de tiatre
Que s'escavarto, avau à l'avalido,
Dóu ribeirés e lis aubre e li colo,
Tout vai en s'aclatant, pèr desparèisse
Davans un couloussau clapas de tourre
Que lou soulèu couchant enfioco e pinto
De resplendour reialo e purpurenco.
Es Avignoun e lou Palais di Papo!
Avignoun! Avignoun sus sa grand Roco!
Avignoun, la galoio campaniero
Qu'uno après l'autro en l'èr ausso li pouncho
De si clouchié clavela d'embourigo;
Avignoun, la fiholo de sant Pèire,
Que dins soun port n'a vist la barco à l'ancro
E n'a pourta li clau à sa centuro
De merlet; Avignoun, la gènto vilo
Que lou mistrau estroupo emai descouifo
E que, de tant qu'a vist lusi la glòri,
N'a counserva que l'inchaiènço d'elo!
Tóuti li bras s'aubouron; l'equipage,
Li passagié, remiron Babilouno
(Coume lis Italian jalous l'apellon).
De la segoundo barco pièi tout-d'uno
Mounto aquest crid : — Veniso! acò 's Veniso,
Quand, dintre si dentello, vai se jaire,
Souto li bais dóu Pounènt, dins sa lono! —
E barbelant perèu de jita-pourre
Soun estrambord, Guihèn, éu, s'escampiho,
D'un saut que fai, encò di Veniciano.

et puis plus rien, que le tournant de l'onde.
Mais soudain, tel qu'un rideau de théâtre
qui en aval se tire à l'horizon,
les arbres du rivage et les collines,
tout va diminuant pour disparaître
devant un colossal entassement de tours
que le soleil couchant enflamme et peint
de splendeur royale, de pourpre splendide.
C'est Avignon et le Palais des Papes!
Avignon! Avignon sur sa Roque géante!
Avignon, la sonneuse de la joie
qui, l'une après l'autre, élève les pointes
de ses clochers tout semés de fleurons;
Avignon, la filleule de saint Pierre,
qui en a vu la barque à l'ancre dans son port
et en porta les clefs à sa ceinture
de créneaux; Avignon, la ville accorte
que le mistral trousse et décoiffe
et qui, pour avoir vu la gloire tant reluire,
n'a gardé pour elle que l'insouciance!
Les bras se dressent tous; et l'équipage,
les passagers, admirent Babylone
(ainsi que la nommèrent les Italiens jaloux).
Puis tout à coup de la seconde barque
monte ce cri : « Venise! c'est Venise,
lorsque entre ses dentelles elle va se coucher,
aux baisers du Ponant, dans sa lagune! »
Et n'y tenant plus de jeter au vent
son enthousiasme, Guilhem, par-dessus bord,
décampe en un saut chez les Vénitiennes.

LXX

E s'adreissant di tres à la mai bruno:
— Duquesso de Berri, ié vèn sutile,
M'escusarés, parai? se descadaule
L'escoundihoun de vosto empreso bello...
Car li barquié d'aquesto gaio floto
M'an di qu'en Arle, avau, anas rejougne
Li partisan que i'a de voste règne.
— Ai! cavalié, fasènt un pau la tufo,
Respoundeguè la dono entrepachado,
Coume anas vous trufant dóu paure mounde!
La princesso en questioun, qu'es à Veniso,
Noun es pèr nautre, certo, incouneigudo,
Que sian vesin de palais vers lou Rialto.
Mai i'a palais e palais; e lou nostre,
Despièi long-tèms lis aragno ié fielon...
E vuei cantan, coume li cacalauso
Que soun oustau se brulo. — E zóu de rire!
— Iéu, countuniè la bruno cantarello,
Perqué ié sian, fau que me descourdure.
Feleno siéu de raço patriciano
E dins l'oustau Veniso l'auturouso
Mai que d'un cop venguè chausi soun doge.
Mai i'a pertout si remudo-remudo...
E d'un grand noum, au-jour-d'uei, pauro dono,

LXX

Et s'adressant — des trois — à la plus brune :
— « Duchesse de Berri, lui dit-il finement,
vous m'excuserez, n'est-ce pas ? si j'entr'ouvre
l'incognito de votre emprise belle...
Car les nochers de cette flotte gaie
m'ont dit que vous allez rejoindre en Arles,
là-bas, les partisans de votre règne. »
— « Ah! cavalier! » faisant un peu la moue,
répondit la dame non sans embarras,
« comme vous plaisantez le pauvre monde!
La princesse en question, qui, oui, est à Venise,
n'est pas pour nous une inconnue,
car nous sommes voisins de palais, au Rialto.
Mais il y a palais et palais; et le nôtre,
depuis longtemps les araignées y filent...
Et nous allons chantant, comme les limaçons
dont la coquille est au feu. » Et de rire.
— « Moi, continua la brune chanteuse,
puisqu'il le faut, je vais faire mes confidences.
Je suis issue de race patricienne
et dans notre maison Venise la superbe
vint plus d'une fois élire son doge.
Mais les vicissitudes sont partout...
Et d'un grand nom, aujourd'hui, pauvre femme,

Lou noble ourguei es tout ço que me rèsto.
Dins aquel Avignoun qu'emé si tourre,
Si bàrri, soun palais, mostro à la visto
Ço qu'es està dóu tèms qu'avié li papo,
Vous imaginarés qu'un de mi rèire,
Embassadour de Veniso, à l'epoco
Ounte la papauta i'èro en derrouto,
Aqui se devinè, quand lou destràvi
N'en bandiguè lou bèu darrié pountife...
Lou fugidis — aro escoutas aquesto —
Faguè nega, parèis, douge estatuo
En or massis, qu'èron li douge aposto
Emé lou Crist en subre, dins un toumple
Que iéu n'ai lou secrèt touto souleto.
Lou porte dins moun sen, coume un relicle,
En un vièi pergamin ounte es marcado
La liogo, pan pèr pan, de l'escoundudo.
Mai en aquest païs estrange, mounte
Noun couneissèn degun, que sian pèr faire,
Se res noun vèn qu'ajude à la feblesso! —

LXXI

Guihèn diguè : — Siéu à voste service,
Car la causo m'entrais : douge estatuo
En or massis, proun valon, vous l'acorde,
La peno de tenta sa descuberto.

le noble orgueil, c'est tout ce qui me reste.
Dans cet Avignon qui, avec ses tours,
ses remparts, son palais, montre à la vue
ce qu'il a été dans le temps des papes,
imaginez-vous qu'un de mes ancêtres,
ambassadeur de Venise, à l'époque
où la papauté y fut en déroute,
se rencontra là, quand le désarroi
vint en bannir le beau dernier pontife...
Le fugitif — écoutez ce détail —
fit noyer, paraît-il, douze statues
en or massif (c'étaient les douze apôtres
avec le Christ en plus) dans un abime
dont j'ai, moi toute seule, le secret.
Dans mon sein je le porte, ainsi qu'une relique,
en un vieux parchemin où est marqué,
de point en point, le lieu de la cachette.
Mais en ce pays étranger,
où nous ne connaissons personne, comment faire,
si nul ne vient en aide à la faiblesse! »

LXXI

— « Je suis, dit Guilhem, à votre service:
la chose m'intéresse, car douze statues
en or massif, oui certes, valent bien
la peine de tenter leur découverte. »

— *E diguè 'no autro (aquelo qu'èro bloundo),*
Farian-ti pas, se fau, vira la broco,
Lou crevelet? Es un mestié que sabe.
E se i'a quaucarèn, ma dougaresso,
Tant founs que fugue, vai, faudra que sorte...
Mai, pèr sant Marc, ajustè 'n fasènt vèire
Tóuti si dènt de moustelo, te jure,
Que darièu pas douge peto de gàrri
De ti douge apoustòli... — *E zóu de rire!*
— *Franc que lis agon desclapa, ma bono,*
Ièu à l'oustau, repliquè la proumiero,
L'ai toujour ausi dire, aquéu bèu sounge!
E i'a proun cinq cènts an que vivèn subre
La reflamour de sa verdo esperanço...
— *E fasès bèn, mai que bèn, caspitello!*
Diguè lou jouine sage; qu'es la vido?
Senoun un sounge, uno aparènço liuencho,
Un miramen sus l'aigo resquihouso
Que, davans nòstis iue fugènt de-longo.
Coume un gàrri-babòu nous escalustro,
Nous atrivo au simbèu e fai ligueto!
Ah! que fai bon pouja sènso relàmbi
Vers soun desir, emai siegue qu'un sounge!
Un tèms vendra, que vèn bessai trop vite,
Ounte auran tout, li gènt, souto la toco,
Ounte auran tout, saubran tout, à la tasto
E, regretous di farfantello vièio,
Quau vous dis pas que vendran las de viéure! —

— « Et, dit une autre (celle qui était blonde),
ne ferions-nous pas tourner la baguette
ou le sas, s'il fallait? Je connais le métier;
et s'il y a, ma dogaresse, quelque chose,
si profond serait-il, va, il faudra qu'il sorte...
Mais, par saint Marc, ajouta-t-elle en faisant voir
toutes ses dents de belette, j'en jure!
Je ne donnerais pas douze crottes de rat
de tes douze apostoles... » Et de rire.
— « A moins qu'on ne les ait déterrés, mon amie,
chez moi, à la maison, répliqua la première,
je l'ai toujours ouï raconter, ce beau songe!
Et voilà cinq cents ans que nous vivons
sur le reflet de sa verte espérance... »
— « Et vous faites bien, parbleu! et fort bien,
dit le jeune sage; car la vie, qu'est-elle?
sinon un songe, une apparence au loin,
une illusion sur l'eau glissante,
qui, devant nos yeux s'enfuyant toujours,
comme un jeu de miroir nous éblouit,
nous attire au leurre et nous sert d'appât!
Ah! qu'il fait bon naviguer sans répit
vers son désir, encore que ce ne soit qu'un songe!
Un temps viendra, qui s'approche peut-être,
où les gens auront tout à portée de la main,
où les gens auront tout, sauront tout à l'épreuve
et, regrettant les vieux mirages,
qui vous a dit que vivre ne les lassera point! »

LXXII

En ié fasènt lis iue de cassounado :
— Pourgès-me vosto man, vèn la tresenco
Di Veniciano au prince. — E lou calandre
Porge la man serious à la dono :
— Bello man, fino man, caressarello,
Dis la manifaciero curiouso,
Bono man, noblo man... — E dins la siéuno
Mistousamen la dono la chaspavo, —
O, man de rèi, man fado, man de glòri,
Que fai tout ço que vòu! emé de ligno
Que van s'entre-coupant à la perdudo :
Ligno d'amour crousant ligno de tèsto,
Coume se vèi souvènt; ligno de vido...
Ai! lou marrit passage! en un recouide,
Pas liuen d'eici, belèu aqui sus Rose,
Vous tèn d'à ment, segnour, la Mort-Peleto...
Fau s'avisa!... — Que diable ié vas dire!
Ensemblamen cridèron li dos autro,
Sian tóuti, sus lou Rose, à mand de béure
A la grand tasso e, dau! e dau! gènt jouine,
Beven, en atendènt la mau-parado,
Lou vin courous de nosto jouventuro!
Pièi dins Bèu-Caire, ardit! aquesto vòuto
Ié pousquen tóuti faire bono fiero! —

LXXII

En lui faisant les doux yeux, la troisième
des Vénitiennes dit alors au prince :
— « Donnez-moi votre main. » Et le galant
offre sa main, sérieux, à la dame :
— « Belle main, fine main, et caressante,
dit la chiromancienne curieuse,
bonne main, noble main... » Et dans la sienne
la dame la palpait, la cajolait,
« Oui, main de roi, main fée et main de gloire,
qui fait ce qu'elle veut ! avec des lignes
qui vont s'entrecoupant indéfinies :
ligne d'amour croisant ligne de tête,
comme il se voit souvent ; ligne de vie...
Aïe ! le mauvais passage ! A un tournant,
pas loin d'ici, sur le Rhône peut-être,
la Mort, seigneur, vous guette avec sa faux...
Prenez garde !... » — « Que diable vas-tu lui dire là !
en même temps crièrent les deux autres,
Nous sommes tous en passe, sur le Rhône, de boire
à la grande tasse, et, allons, jeunesse,
buvons, en attendant l'inconnue malencontre,
le vin brillant de nos jeunes années !
Puis, dans Beaucaire, en avant ! ce coup-ci,
puissions-nous tous y faire bonne foire ! »

LXXIII

Dóu tèms que gentamen ansin devison,
En ribo d'Avignoun pamens li barco
Vènon, s'arrengueirant, pèr prene tòti.
— Abraco la calaumo! pico en terro!
Coumando Mèste Apian de sa voues broundo,
Contro lou quèi à bando lou Caburle!
Avanço la carato! A la sapino!
Buto la sisselando! abordo! abordo!
La! — Li batèu, si tèndo encamelado,
S'amoulounon au pèd dóu baus menèbre,
Davans lou Pont Sant-Benezet que mostro
L'oumbrun gigant de sis arcado routo.
L'arnés rejoun, la barcado seguro,
En proucessioun marchant un davans l'autre,
Segound soun us, au long de la carriero,
D'à pas lou vièi patroun menant la rigo,
Li pichot chat courrènt après la troupo,
Balin-balant, à si gràndis aubergo
Di Fustarié, dóu Limas, li bèus ome
S'envan soupa galoi. Emé soun paire
L'Angloro li seguis, un pau mouqueto
De noun revèire à soun entour lou prince,
Lou princihoun de la barbetò bloundo,
Qu'a belèu fa quauco nouvello mudo...
Eh! quau lou saup? Lou Drac, belèu, au Rose

LXXIII

Dans l'entre-temps de ces gentils devis,
en rive d'Avignon les barques cependant
viennent, suivant la file, amarrer tour à tour.
— « Embraque le câbleau! range la terre!
commande Maître Apian de sa voix rude,
Contre le quai accoste le Caburle!
Avance la carate! A la sapine!
Pousse la sisselande! aborde, aborde!...
Là! » — Les bateaux aux bâches montueuses
s'agglomèrent au pied de la falaise abrupte,
devant le Pont Saint-Bénézet qui montre
l'ombre géante de ses arches rompues.
Les apparaux en ordre, la flotte en sûreté,
processionnellement, marchant un devant l'autre,
selon leur usage, au long de la rue,
à pas comptés le vieux patron menant la file,
les petits mousses courant après la troupe,
en tanguant, bras ballants, à leurs grandes auberges
des Fusteries, du Limas[1], les beaux hommes
s'en vont souper joyeux. Avec son père
l'Anglore les suit, quelque peu penaude
de ne pas revoir le prince autour d'elle,
le petit prince à la barbiche blonde,
qui peut-être a fait quelque mue nouvelle...
Peut-on savoir? Le Drac, peut-être, au Rhône

La niue dins soun palais fau que descènde,
S'acò 's sa lèi... Ah! vai, ma pauro chato!
Guihèn, emé li dono de Veniso
Que de si vesiaduro l'environon,
Au cabaret de la Pichoto-Oustesso,
Eila, souto lis aubo e li lambrusco,
Es ana faire uno esquiheto... Basto,
Guihèn es un cadèu e fau que jogue.

LXXIV

Un cop à taulo dounc souto la triho
Lou princihoun emé li cantarello
Que manjon e que bevon, groumandouno,
Se couchant li mouissau 'mé la servieto:
— M'avès pancaro di, pamens, mi dono,
Se sias maridadouiro o maridado,
Guihèn ié fai, car, segound l'escasènço,
Aqui l'on pòu fauta, se l'on s'embulo
Au jo d'amour... — Qu'acò noun vous soucite!
Respoundeguèron mai que voulountouso.
Lou jo, segnour, noun demando que fauto.
E dins noste païs la femo noblo,
Uno fes maridado, pòu avedre,
Que res i'a rèn à vèire e rèn à dire,
Un, emai dous, emai tres calignaire.
— Sabès que li marit, faguè lou jouve,
Dèvon gagna, dins talo Palestino,

doit descendre la nuit dans son palais,
si telle est sa loi... Ah! va, ma pauvrette!
Guilhem, avec les dames de Venise
qui de leurs mignardises l'environnent,
au cabaret de la Petite-Hôtesse,
sous les peupliers blancs et les treilles, là-bas,
est allé faire une escampette... Bref,
Guilhem est jeunet, il prend ses ébats.

LXXIV

Or, sous la tonnelle, une fois à table,
le princillon avec les cantatrices
qui, tout en mangeant et buvant, friandes,
chassent les moustiques avec la serviette :
— « Vous ne m'avez pas dit, pourtant, encore
si vous êtes, mes dames, à marier ou mariées,
leur dit Guilhem, car, suivant l'occurrence,
on pourrait là fauter, si on se leurre
au jeu d'amour... » — « De cela n'ayez cure!
répondirent-elles en grande accortise.
Le jeu, seigneur, ne demande que faute.
Et dans notre pays la femme noble,
une fois mariée, peut avoir,
sans que personne ait rien à y voir ou redire,
un, même deux, et même trois amants. »
— « Savez-vous bien que les maris, fit le jeune homme,
doivent gagner, en tel pays de promission,

Lou paradis de la santo paciènci?
— Eh! s'escridè la bello capeludo
Qu'avié de perlo d'or à sa grand pienche,
Soun li fava, li plus urous dis ome!
Que li servènt d'amour li desencoumbron
De tóuti li trigos de l'abitudo.
Noun an besoun, li marit de Veniso,
De s'óucupa de rèn que lis enueie.
Li cavalié servènt se fan un chale
D'ajuda la mouié quand se poumpouno :
Un ié tèn lou mirau, aquest ié porge
L'espingoulié de sa cabeladuro ;
Aquéu ié passo au courset li courdello ;
L'autre ié porto à vèspro sa mantiho
E l'autre au bagnadou ié fai coumpagno ;
Sènso coumta li presènt, li riqueto,
Li serenado e madrigau que plovon!
— An! s'anavian cerca li douge aposto?
Derroumpeguè subran la dougaresso.
En se gaugaiejant lou tèms s'enfuso ;
Mai Jacoumar vèn de pica vounge ouro,
E fau de grand matin remounta 'n barco...
Anen? — Anen! — Oubliden pas la bleto
D'avelanié, qu'es acò la boussolo. —
E parton en cantant li cantarello :

    Se la luno clarejo
    Amount dins lou cèu grand,
    Dins lous bos que soumbrejo
    Mi bras t'amagaran.

le paradis de la sainte patience ? »
— « Hé! s'écria la belle huppée
dont le grand peigne avait des perles d'or,
rois de la fève, ils sont les plus heureux des hommes !
car les servants d'amour les débarrassent
de tous les soins coutumiers de la vie.
Ils n'ont besoin, les maris de Venise,
de s'occuper de rien qui les ennuie.
Les cavaliers servants se font un vrai régal
d'aider madame à sa toilette :
l'un lui tient le miroir, celui-ci lui présente
les épingles pour ses cheveux ;
celui-là au corsage lui passe les lacets ;
l'autre lui porte à vêpres sa mantille
et l'autre en la baignoire lui tiendra compagnie ;
sans compter les cadeaux, les rafraîchissements,
les sérénades et madrigaux qui pleuvent ! »
— « Eh bien ! irons-nous point chercher les douze apôtres ?
interrompit soudain la dogaresse.
A ces joyeusetés le temps s'écoule ;
mais Jaquemart vient de frapper onze heures,
et il faut remonter de grand matin en barque...
Allons ? » — « Allons ! » — « N'oublions pas la verge
de coudrier — qui est notre boussole. »
Et les chanteuses partent en chantant :

> — *Si la lune illumine*
> *Là-haut dans le ciel grand,*
> *Dans le bocage ombreux*
> *Mes bras te cacheront.*

— Laisso-m'esta, pescaire,
Qu'ai pòu dóu miéu marit.
— Iéu noun lou cregne gaire,
A bèu èstre marrit!

Sus moun batèu que lando
Nous raubaren au fres,
Car siéu prince d'Oulando
E noun ai pòu de res.

*— Laisse-m'aller, pécheur,
J'ai peur de mon mari.
— Moi je ne le crains guère,
Si méchant serait-il!*

*Sur un bateau qui file,
Viens, je t'enlève au frais,
Car, prince de Hollande,
Je n'ai peur de personne.*

CANT NOUVEN

SOUTO AVIGNOUN

LXXV

De-long dóu Rose que lusis dins l'oumbro,
En foro d'Avignoun seguènt lou bàrri,
Intron plan-plan pèr la porto Ferrusso
E dóu Limas à la Jutarié-Vièio
Escalon d'escoundoun, pèr lis androuno,
Enjusquo amount vers lou Castèu di Papo.
Tout es desert à l'entour. Li béulòli,
Dins la negruro esfraiouso que jiton
Li tourre couloussalo, fan si gème.
Sus la ciéuta que dor toumbon lugubre
Li douge cop de miejo-niue. — Que vivo?
— Ami! respond Jan Rocho dins lou sourne,
Que, pèr dessousterra lis apoustòli
E pèr n'avé lou cop de man d'Ercule,

CHANT NEUVIÈME

EN AVAL D'AVIGNON

LXXV

Le long du Rhône qui dans l'ombre luit
et hors d'Avignon suivant le rempart,
ils entrent doucement par la porte Ferrusse
et du Limas à la Juiverie-Vieille
ils montent en cachette, par les étroites rues,
jusque là-haut vers le Château des Papes.
Tout est désert à l'entour. Les fresaies,
dans la noirceur effrayante que jettent
les colossales tours, font leurs gémissements.
Sur la cité qui dort tombent lugubres
les douze coups de minuit. Au « qui vive ? »
— « Ami ! » répond Jean Roche dans le sombre,
car, pour déterrer les apôtres d'or
avec son coup de main d'Hercule,

Lou fin e sage princihoun d'Oulando
l'a douna mand de se rèndre à l'espèro.
Au pèd di muraiasso tenebrouso,
Lou cor à flot, li bello de Veniso
Entre-veson deja dins sa pensado
Li barbo d'or de sant Jan, de sant Judo :
Lou pergamin dins li det, uno d'éli
Recercant li counfront, lis entre-signe;
Uno autro dins si man en petelego
Tenènt lou gimble devinaire; e l'autro,
Lou front aclin coume uno courbo-dono,
Sus lou bras de Guihèn, amistadouso,
Leissant ana soun sen que reboumbello.
— Sant Antòni de Pado, se n'en brulo! —
A fa subran aquelo que pourtavo
Lou jorg d'avelanié. Se precepiton
A soun entour pèr vèire, alabre, tóuti...
Oh! jamai de la vido! escoumougudo,
La blanquinello bleto se bidorso
E viro d'esperelo vers la terro,
Marcant lou rode escri, à quàuqui cano
De l'Escalié dóu Pater, que s'enmounto
Vers la glèiso de Dom. — Tenèn la mino!
Guihèn dis en risènt, cavo, Jan Rocho! —

LXXVI

Lou cadelas enfounso lou pau-ferre,
Eigrejo dóu dessus la terro duro,

le subtil et sage prince de Hollande
lui a donné charge d'attendre à l'affût.
Au pied des hautes murailles ténébreuses,
le cœur en onde, les belles de Venise
ont entrevu déjà dans leur pensée
les barbes d'or de saint Jean, de saint Jude :
le parchemin dans les doigts, l'une d'elles
étudiant les lieux, cherchant les repères ;
une autre dans ses mains qui lui frétillent
tenant la baguette divinatoire ;
et l'autre, penchée en fleur de narcisse,
complaisamment sur le bras de Guilhem
laissant aller son sein rebondissant.
— « Par saint Antoine de Padoue, on en brûle ! »
a fait soudainement celle qui porte
le brin de coudrier. Avidement chacun
se précipite autour d'elle pour voir...
Oh ! jamais de la vie ! Agitée d'elle-même,
la houssine blanche va se tortillant
et d'elle-même tourne vers la terre,
marquant l'endroit précis, à quelques toises
de l'Escalier du Pater où l'on monte
vers l'église de Dom. — « On tient la mine ! »
Guilhem dit en riant, « Jean Roche, creuse ! »

LXXVI

Le gros garçon enfonce le levier ;
il perce du sol la surface dure ;

Sóulèvo, pouderous, uno amplo graso
E, negre e founs, descurbecello un toumple,
Un pous dins lou roucas, que, tant es orre,
Fai tóuti recula. — Quau se i'abrivo ?
Demando frejamen Guihèn d'Aurenjo
En regachant li tres femeto mudo.
Jan Rocho ié respond : — S'avian de cordo...
— Vous ié davalarian, diguè lou prince
I dono. — Vàutri dous, que sias de mascle,
Ausas nous dire acò ? la dougaresso
En lou fissant abramado e ferouno
Ié repliquè. Ié soun, lis estatuo !
Arregardas la bleto que se trosso...
I'aguèsse-ti lou Baseli pèr gàrdi,
Segnour, leissarés pas... — Après la fiero !
Jan Rocho roumpeguè, l'aubeto primo
Darrié castèu noun tardara de pougne
E lou patroun, ause que crido : A Rose ! —
De soun bras fort, acò disènt, aclapo
Lou toumple founs souto sa curbecello,
A ras de sòu ié cauco la terriho
E : — Venès lèu, anen ! — Vers la ribiero,
Lou prince gai, li dono despichouso,
Au barcarés de-coucho redavalon.
E Guihèn dis : — Mai quento denierolo,
Bon Diéu d'Aurenjo, que ! se, pèr fourtuno,
Avian trouva la maire mounte niso !
Coume En Rambaud Bertrand, un de mi rèire
(Davans Diéu siegue!), aquel an qu'à Bèu-Caire
Pèr douge couble de biòu faguè fouire

puissant, il soulève une large dalle
et découvre un abîme aux noires profondeurs,
un puits dans le rocher, qui, tant il est horrible,
les fait reculer tous. — « Qui s'y élance ? »
demande froidement Guilhem d'Orange
en regardant les trois femmes muettes.
Jean Roche lui répond : — « Si nous avions des cordes... »
— « On pourrait vous descendre, » dit le prince
à ces dames. — « Vous deux, vous qui êtes des mâles,
oser ainsi parler ? » la dogaresse,
fixant sur lui des yeux enflammés, furieux,
lui répliqua. « Les statues sont au fond !
Regardez la baguette qui se tord...
Y aurait-il, pour les garder, le Basilic,
vous ne laisserez pas, seigneur... » — « Après la foire !
interrompit Jean Roche. La prime aube
derrière le château ne peut tarder à poindre
et j'entends le patron qui déjà crie : Au Rhône ! »
De son bras fort, cela dit, il recouvre
le puits profond sous son couvercle ;
il y arase et piétine le sol,
et : — « Venez vite, allons ! » Vers la rivière,
le prince gai, les dames dépiteuses,
redescendent au port en toute hâte.
Et Guilhem dit : — « Mais quelle tirelire,
bon Dieu d'Orange, hein ? si, par fortune,
nous avions rencontré la pie au nid !
Sire Rambaud Bertrand, un mien ancêtre
(que Dieu lui fasse paix !), une année, à Beaucaire,
par douze paires de bœufs fit fouir

Lou Prat de Fiero e pièi, à tout un pople
Largant dóu siéu, la saco semenciero
Pendoulado au coustat, dins li versano
Semenè d'à chivau, à plen de pougno,
Trento milo denié d'argènt : eh! bello,
Sus lou fierau aurian belèu fa pire! —
E 'm'acò, d'aquéu biais, tenènt l'agüio
E n'en jougant em'éli à tèsto o pouncho,
Emé sa flèumo, Guihèn, qu'es de bono,
Vague de galeja li segnourino.
Mai tout acò li rènd pas risouleto,
D'agué trouva, coume entre éli remóumion,
Lou Tresor de Veniso, inapreciable!
D'agué trouva la Vaco d'Or e, puto!
De noun l'avé gripado pèr li pousso!
En paradis noun pourtaras aquelo,
Moun princihoun : e, bouto, iro d'Itàli
Noun s'esvano au soulèu coume eigagnolo!

LXXVII

Patroun Apian, lou mèstre d'equipage,
Es daut sus lou Caburle, largant d'ordre
Que lou prouvié repetis. En feloupo
Li passagié s'embarcon pèr la fiero
E, d'un batèu à l'autre, à la seguido,
De qu'entendès parla? que de Bèu-Caire.

le Pré de Foire, et puis, à tout un peuple
faisant largesse, le sac au grain pendu
à son côté, dans les sillons,
du haut de son cheval, à plein poing, il sema
trente mille deniers d'argent... Hé! hé! les belles,
peut-être au champ de foire eussions-nous fait bien pis! »
Et de cette façon, tenant l'aiguille
et en jouant, tête ou pointe, avec elles,
Guilhem, qui est en bonne humeur,
flegmatiquement pique les donzelles.
Mais tout cela ne les rend pas rieuses,
d'avoir trouvé, ainsi qu'elles ruminent,
le Trésor de Venise inestimable!
d'avoir trouvé la Vache d'Or et, gueuse!
de ne l'avoir pas agrippée au pis!
Tu n'emporteras point icelle en paradis,
mon petit prince! et va, ire italienne
ne s'évapore pas au soleil comme aiguail.

LXXVII

Patron Apian, le maître d'équipage,
est en haut du Caburle, distribuant des ordres
que le prouvier répète. Groupe à groupe,
les passagers s'embarquent pour la foire
et d'un bateau à l'autre, en conséquence,
vous n'entendez parler que de Beaucaire.

De touto l'encountrado qu'envirouto,
De Carpentras, de Veisoun, pèr ié vèndre
Sis escachoun de safran, de graneto
E de touto erbo de sant Jan eissucho,
E d'Avignoun, pèr ié chabi si pèço
De tafata, de velout e d'indiano,
Mounto un mouloun de gènt. Tenènt la ribo,
Encentura, quau de verd, quau de rouge,
Segound que soun pèr lou rèi o lou contro,
Li porto-fais, que joumbrissiè la terro
Davans si poung, toujour lèst pèr la truco,
An acaba soun pres-fa. Di couroundo
Èli-meme desmarron li maieto;
E Mèste Apian, aussant soun joumbre, crido:
— Au noum de Diéu e de la santo Vierge,
A Rose, lis enfant ! — E li sèt barco
A-de-rèng se reviron e, coumoulo
De tóuti li richesso de l'Empèri
E dóu Reiaume, au pèd de la grand Roco
Vers lou Miejour reprenon la desciso.
Enterin que lou vièi patroun atuso
Dóu bras e de la voues li barquejaire:
« Gaiamen ! gèntamen ! » e coume engorgon
L'engoulidou ferous dóu pont de pèiro
Que Benezet lou pastre sus lis oundo,
I'a sèt cènts an, enarquihè sublime,
Mèste Apian, éu, fidèu à la coustumo
Di Coundriéulen, tiro uno capelado
Au grand sant Micoulau — que sa capello
Cavauco sus lou pont, linjo e poulido;

De toute la contrée qui environne,
de Carpentras, de Vaison, pour y vendre
leurs parties de safran, de grenettes
et de toute herbe de Saint-Jean séchée,
et d'Avignon, pour y placer leurs pièces
de taffetas, de velours et d'indienne,
montent nombre de gens. Maîtres du quai
et ceinturés, qui de vert, qui de rouge,
selon qu'ils sont pour ou contre le roi,
les portefaix aux poignes redoutables,
et devant lesquels la terre tremblait,
ont achevé leur tâche. Des poteaux
eux-mêmes démarrent les divers cordages ;
et Maître Apian s'écrie, chapeau levé :
— « Au nom de Dieu et de la sainte Vierge,
au Rhône, les enfants ! » Et les sept barques
revirent de bord tour à tour et, combles
de toutes les richesses de l'Empire
et du Royaume, au pied de la Roque hautaine,
vers le Midi reprennent la descente.
Entre temps que le vieux patron modère
du geste et de la voix les nautoniers :
« Joliment ! gentiment ! » et pendant qu'ils s'engouffrent
dans la féroce baie du pont de pierre
que Bénézet le pâtre sur les ondes,
il y a sept cents ans, éleva colossal,
Maître Apian, lui, fidèle à la coutume
des gens de Condrieu, tire un coup de chapeau
au grand saint Nicolas — dont la chapelle
chevauche sur le pont, svelte et jolie ;

E' m'acò, tout drihant dins l'aigo fousco
Ounte à cha pau descènd la lus d'auroro,
Coumenço mai la prègo d'abitudo :
O noste paire! Ansindo, quand se lèvon
I proumié rai dóu jour, fan li nisado.

LXXVIII

E d'Avignoun la visto espetaclouso,
Soun castelas à paret gigantesco,
Si bàrri merleta, tourre e tourriho,
Dins lou matin blanc e bléuge s'aliuenchon,
Emé lou fort, alin, de Vilo-Novo
Que lou soulèu, tout-d'un-cop, de soun ruscle
Acoulouris en or. Li barco trajon,
Couchouso mai que l'aigo, car soun grèvo,
E d'autant péujo soun, d'autant s'abrivon.
— O sàcri mau-faras! uno voues forto
Enfre l'isclo de Piot subran marrouno,
Lou vesès pas, l'embarradou ? qu'em'éli
Se pourra plus pesca tout-aro un lampre!
— Acò se n'avian plus la passo libro!
Cridè Patroun Apian d'aut dóu Caburle
En brassejant au pescadou de Rose :
Emé si coup, en tóuti li recouide,
E si calèu, pas proun que s'entravèsson,
Pèr aganta 'n marrit gourbin d'alauso,

et, une fois courant dans l'eau obscure
où peu à peu descend la lueur de l'aurore,
il redit la prière habituelle :
O notre père! Ainsi, à leur réveil
aux premiers rais du jour, font les nichées,

LXXVIII

Et la vue merveilleuse d'Avignon,
son grand château aux gigantesques murs,
ses remparts crénelés, tours et tourelles,
dans le matin blanc de clarté s'éloignent,
avec le fort lointain de Villeneuve
que le soleil colore tout à coup
de son averse d'or. Les barques sillent
rapides plus que l'eau, car elles sont chargées,
se hâtant d'autant plus qu'elles sont plus pesantes.
— « O sacrés bousilleurs ! » une voix forte
devers l'île de Piot a grommelé soudain.
« Vous ne voyez donc pas le tramail ? Avec eux
on ne pourra plus prendre bientôt une lamproie ! »
— « Quoi ! nous n'aurons donc plus la passe libre ! »
cria Patron Apian sur le haut du Caburle,
agitant ses grands bras vers le pêcheur du Rhône.
« Non contents de fourrer à travers tous les coins
leurs filets en bourse et leurs carrelets,
pour attraper quelque méchant panier d'aloses,

Nous vendran aro empega si trahino,
Aquéli panto, au bèu mitan dóu flume!
— Vièi drapèu, ié fai l'autre, tèn ta routo! —
E Mèste Apian en desden ié resposto:
— Vièi pavaioun, ounour de capitàni,
Espèci de pudènt, d'es-tard-quand-dino! —
Mai li batèu filant sus l'aigo trulo,
Lou mèstre, majestous, repren d'à poupo
Lou gouvèr de la barro.

LXXIX

      Sus la tuerto
Jan Rocho, à l'autre bout, éu, ié demando
A la pichoto Angloro: — Tu que veses
A travès li muraio, que! devino
Un pau dequ'es eiçò: Coume uno busco
Porte cinq cènt quintau e iéu noun pode
Pourta 'no clau. — Lou Rose. — Encaro aquesto:
La founsour de la mar? — Un jit de pèiro.
— Bravo! — Jan Rocho, à iéu, diguè la touso;
Dequ'es acò: Soun mai de cinq cènt sorre,
Mai de cinq cènt bèlli damiseleto
Qu'an dins l'oustau sa chambreto caduno
E que pamens lis acato endourmido
Uno memo cuberto? — Tèsto souto,
Lou marinié cercavo. — Anen, Jan Rocho,

ils viendront maintenant nous empêtrer leurs traînes,
ces rustauds-là, au beau milieu du fleuve! »
— « Vieux drapeau, lui fait l'autre, tiens ta route! »
Et Maître Apian dédaigneux lui riposte :
— « Vieux pavillon, honneur de capitaine,
espèce de puant, de meurt-de-faim! »
Mais les bateaux filant sur les eaux pleines,
majestueux, le maître avait en poupe
repris le gouvernail.

LXXIX

    Et sur la proue
Jean Roche, à l'autre bout, lui, pose cette énigme
à la petite Anglore : — « Toi qui vois
à travers les murailles, tiens, devine
un peu ce que ça est : *Comme un fétu
cinq cents quintaux je porte et je ne puis,
moi, porter une clef.* — « Le Rhône. » — « Et celle-ci :
La profondeur des mers ? » — « Un jet de pierre. »
— « Brave! » — « Jean Roche, à moi, dit la fillette...
Qu'est ceci ? *Elles sont plus de cinq cents sœurs,
plus de cinq cents belles damoiselettes
qui ont dans la maison chacune leur chambrette
et cependant les recouvre endormies
la même couverture ?* » Tête basse,
le marinier cherchait. — « Allons, Jean Roche,

Fai coume lis aiet, obro de tèsto! —
L'autre èro mut. — As proun manja de favo?
— O. — Se vèi bèn que siés un chat d'Isero,
Gros toumbo-mourgo! Es la mióugrano. — Bono!
Mai, tè, d'abord qu'ansin tant bèn devines,
Angloro, tu, li causo escabissudo,
Vejan, devino un pau 'mé quau e mounte
Lou pichot prince a passa la niuchado?
— Eh! de que pòu t'enchaure? Es pas soun mèstre?
Respoundeguè la chato. Au founs dóu Rose
Quau l'empacho d'ana faire dourmido,
S'a caud, la niue! — E se, la niue vengudo,
Te disien qu'a vòuta jusquo à l'aubeto,
Faguè Jan Rocho, emé li Veniciano?...
— L'as vist? — L'ai vist. — Quatecant la pichouno
S'envai escoundre eila souto la tèndo,
E n'en voulès de plour! ai! pauro Angloro!
— Me farié-ti, lou Dra, disié la simplo,
L'estrassamen deja de si proumesso!
Tant coume nous sian vist dins l'aigo bluio
De mi pantai — e, dins si caranchouno,
Tant de paraulo amourousido e flamo,
Tout acò pièi sarié que de messorgo!
Tu que m'apareiguères tant en bello,
Oh! que tant lèu, moun Dra, t'acouloubrigues!
Me l'an proun di que, traite coume l'aigo,
Quand nous as pivelado, nous embules...
Mai èras pièi tant amistous, tant lèri,
Quand m'óufrissiés de liuen la flour di Iono,
Que la teniés dins la man souto l'oundo,

fais comme les aulx, travaille de tête ! »
L'autre ne disait mot. — « Tu jettes ta langue aux chats ? »
— « Oui. » — « On voit bien que tu sors de l'Isère,
mon gros balourd ! C'est la grenade. » — « Bonne !
Mais, à propos, puisque tu devines si bien,
toi, Anglore, les choses difficiles à comprendre,
voyons, devine un peu avec qui et où donc
le petit prince a passé la nuitée ? »
— « Eh ! que t'importe ? N'est-il pas son maitre ?
répondit-elle. Au fond du Rhône
qui l'empêche d'aller se livrer au sommeil,
s'il a chaud, dans la nuit ! » — « Et si, la nuit venue,
on te disait qu'il a roulé jusqu'à l'aurore,
Jean Roche fit, avec les Vénitiennes ?... »
— « L'as-tu vu ? » — « Je l'ai vu. » — Aussitôt la petite
va se cacher là sous la tente,
et voulez-vous des pleurs ? Ah ! pauvre Anglore !
— « Déjà le Drac, disait-elle ingénue,
me fausserait-il ses promesses !
Tant comme nous nous vîmes dans l'eau bleue
de mes rêves — et, dans ses amitiés,
tant de paroles tendres et flambantes,
tout cela ne serait, en somme, que mensonges !
O toi qui m'apparus si beau,
deviendrais-tu si vite le dragon que l'on dit ?
Oui, on me l'a bien dit que, traître comme l'eau,
quand tu nous as fascinées, tu nous trompes...
Mais tu étais si mignard, si joli,
quand tu m'offrais de loin la fleur des lones,
que tu tenais sous l'onde dans la main,

En oundejant emé l'oundo enganivo
Que me bressoulejavo au clar de luno!...
Oh! Dra, se m'as trahido, ve, m'ennègue! —

LXXX

Plouro que plouraras! Lou trin di barco
Sus lou regoulié proumte que l'emporto
Fai sèmpre soun camin e, d'uno dougo
A l'autro, vai s'espalargant lou flume
Ounte l'engrau badièu de la Durènço
Carrejo e raco à bóudre la peiriho
Dis aut tourrènt e deliéurado aupenco.
— Hòu! bèu prouvié, t'endormes? escandaio!
Crido Patroun Apian, que sian au rode
Dis auve mouvedis e di graviero...
Dirias que soun calu, bougre de bougre!
— Ié sian! ié sian! — Aganto la pagello
Jan Rocho, la descènd long dóu Caburle
E, tre touca lou founs, à-de-rèng crido :
— Pan! — E pièi mai : Pan just! — Pico au reiaume!
En butant lou gouvèr fai à la chourmo
Lou grand patroun. — Pan cubert! — Zóu! coulègo!
— Pan larg! — Toujour! — La soubeirano! — l'ogo
Just lou soulèu sort de la Mountagneto,
Resplendènt sus lou Rose, e soun tout-aro
Vers la Roco d'Arciè. Jouious, lou prince,

en ondoyant avec l'onde enjôleuse
qui me berçait tout doux au clair de lune!...
Oh! vois-tu, si tu m'as trahie, Drac, je me noie! »

LXXX

Et pleure, pauvre enfant! Le train des barques
sur la glissoire prompte qui l'emporte
fait toujours son chemin et, d'une berge
à l'autre, va s'élargissant le fleuve
dans lequel la Durance, gueule bée,
charrie, vomit à verse la pierraille
des hauts torrents et irruptions alpestres.
— « Ohé! tu dors, beau prouvier? A la sonde!
s'écrie Patron Apian, car le voici, l'endroit
des grèves mouvantes, des lais de graviers...
Vous n'y voyez donc pas, bougre de bougre! »
— « On y est! on y est! » — Jean Roche prend la perche,
il la descend sur le flanc du Caburle
et, dès le fond touché, à reprises il s'écrie :
— *Pan!* Et après : *Pan juste!* — « Bute donc au royaume! »
en poussant au timon commande à l'équipage
le grand patron. — *Pan couvert!* — « Sus, collègues! »
Pan large! — « Encore! » — *La souveraine!* — « Vogue! »
Tout juste le soleil sort de la Montagnette
irradiant le Rhône, et ils sont tout à l'heure
vers la Roque d'Acier. Le petit prince

Que tout-escas se lèvo e qu'es en bousco,
Entre s'esparpaia, de soun Angloro,
L'es vengudo trouva souto la tèndo.
— Bon-jour! i 'a di... Mai ve, dequ'as? e ploures!
— Lou sabes bèn de que ploure, amalido
La chato ié respond, qu'à la sournuro,
Touto la niue, enfre terro, pèr orto
As masqueja 'mé li rato-penado!
— S'acò's pas mai, assolo-te, ma bello,
En ié prenènt la man éu ié replico
Risènt, acò se saup, cavalin jouve,
Eh! fau que trepe, e Dra, fau que draqueje!... —
E d'aise, tout gauchous, ié fai lou conte
Di Veniciano emé soun escoundudo
E di douge sant d'or au founs dóu toumple
Que dèvon ana querre apres la fiero,
Coume se dis, se la carto es pas fausso.
E tout s'adoubo; car sarié bèn crime
De l'afligi, la mignoto, tant coume
Es poulideto e bravo e creserello
A soun amour de fantaumeto puro!

LXXXI

E vogo la barcado... — Hòu! pichoto!
Aramoun, noste endré! vène lèu vèire!
A crida lou gros Tòni, ve la cauno

qui, à peine levé, s'est mis, dès son réveil,
à la recherche de son Anglore,
joyeux, l'est venu trouver sous la tente.
— « Bonjour! lui a-t-il dit. Mais, tiens, qu'as-tu? des pleurs? »
— « Tu le sais bien de quoi je pleure, » lui répond,
irritée, la jeune fille, « car, dans l'ombre,
toute la nuit, à terre, tu rôdas,
courant le sabbat des chauves-souris! »
— « Si c'est là tout, console-toi, ma belle, »
lui réplique-t-il en prenant sa main
et riant; « tu sais? le jeune cheval
trépigne par besoin et le Drac, lui, lutine! »
Et tout doux, jovial, il lui conte l'histoire
des Vénitiennes avec leur cache
et des douze saints d'or enterrés dans le puits
et qu'on ira chercher après la foire,
si, comme on dit, la carte n'est point fausse.
Et tout s'arrange, car ce serait vrai crime
d'affliger la jolie mignonne,
gentille comme elle est et pleinement croyante
en son amourette de chimère pure!

LXXXI

Et vogue la navée! — « Ohé, petite!
notre pays, Aramon! viens donc voir! »
le gros Toni a crié. « Vois la hutte

Ounte demouravian (oh! quand ié sounge!),
Pèr lou glavas à mita derouido,
L'an dóu gros Rose, e mounte siés nascudo...
— Que d'aubre de pertout! lou bèu terraire!
Disien li passagié, n'i'a, de garbiero!
Se vèi qu'acò 's tout de cremen de Rose...
— L'avèn passa, Gardoun? — Vaqui sis islo...
Eila-de-long vesès pas Valabrego
Emé soun Roudadou que l'envirouno?
Li verganiero fan si rebatudo...
O Margarido! o Malen! Ah! li garço!
De si fauciéu lusènt en fasènt mostro,
Li vesès dins li vege, coume rison?
Es dins aquéli mato de moutouso
Que faudrié cala si bouirouniero!
— Un esturioun que mounto! — Aquelo raisso
Que gisclo avau-davans? — Quand vous lou dise!
Es un lachen de mar, e di bèn : provo
Que sian pas liuen de Bèu-Caire. — Que fèsto!
Mai verai! vès lou pont! vès Santo-Marto
Qu'apouncho soun clouchié sus l'autro ribo!
Lou pont tarascounen emé si pielo
Que, blanquinello, escambarlon lou flùvi!
Lou grand castèu de Tarascoun, en fàci
D'aquéu di Bèu-Cairen — ounte à la cimo
l'a lou drapèu di tres coulour que floto!
Sian emé Dieu! e vivo la Prouvènço!

où nous restions (oh! quand j'y songe!),
à moitié ruinée par l'inondation,
l'an du Rhône gros, et où tu es née... »
— « Que d'arbres de partout! le beau terroir!
disaient les passagers. « Quels tas de gerbes!
On voit bien que c'est tout alluvion du Rhône... »
— « L'avons-nous dépassé, le Gard? » — « Voilà ses îles...
Et, de l'autre côté, sur le bord, Valabrègue
avec son Roudadou ³ qui l'environne!
Les *verganières* ⁴ y coupent les osiers...
O Marguerite! ô Malen!... Ah! les gouges!
De leurs serpes luisantes faisant montre,
les voyez-vous, dans les taillis, comme elles rient?
C'est dans ces touffes d'herbes aquatiques
qu'il ferait bon tendre ses nasses? »
— « Un esturgeon qui monte! » — « Ce jet d'eau
qui jaillit là devant? » — « Oui, oui, je vous assure!
C'est un laité de mer, et des beaux : un indice
que Beaucaire s'approche. » — « Quelle fête!
Mais vrai, voilà le pont! et voyez Sainte-Marthe
dont le clocher pointe sur l'autre rive!
Le pont tarasconais, avec ses piles
qui enjambent le fleuve, toutes blanches!
Le grand château de Tarascon, en face
de celui de Beaucaire à la cime duquel
il y a le drapeau tricolore qui flotte!
Nous sommes avec Dieu! et vive la Provence! »

CANT DESEN

LA FIERO DE BÈU-CAIRE

LXXXII

Curbènt lou Rose long, uno fielagno
De barco e bastimen de touto meno,
Abandeira de tóuti li jaunuro
E rougeirolo di nacioun, à bóudre
Vers lou dougan sablous deja s'esquicho.
Car, em' aquel embat que dins li velo
I'a quàuqui jour que boufo, de la baisso
An mounta li lahut. De la mar nostro,
Di costo barbaresco e levantino
E dóu Pounènt e de la Mar Majouro,
An pouja vers Bèu-Caire pèr la fiero.
E n'i'a! lis un pourtant la velo agudo,
Lou mai latino, e d'autre à quatre caire:
Li lèuge d'Arle e trei-mast de Marsiho,

CHANT DIXIÈME

LA FOIRE DE BEAUCAIRE

LXXXII

Couvrant le Rhône long, une enfilade
de barques et navires de tout genre,
pavoisés des ors, pavoisés des flammes
de toutes les nations, confusément
vers le bord sablonneux déjà se presse.
Car, avec cette brise qui depuis quelques jours
a soufflé dans les voiles, du bas fleuve
sont montés les *lahuts*¹. De notre mer,
des côtes barbaresques ou levantines
et du Ponant et de la Mer Majeure²,
ils ont gagné Beaucaire pour la foire.
Et il y en a! les uns portant la voile aiguë,
latine la plupart, d'autres quadrangulaire :
allèges d'Arles et trois-mâts de Marseille,

Li tartano de Gèno o de Ligourno,
Li bregantin d'Alèp, li balancello
De Maluga, de Naple e de Maiorco,
Li brigouleto angleso o dóu Grand-Vabre,
E li mourre-de-porc d'Agte e de Ceto
E li trabaco negro de Veniso.
Es un balun sus Rose que gançouio
Dins lou soulèu, lou trango e lou baruge
De tóuti li jargoun di marinaio.
Mai dóu mitan di bigo e dis anteno,
Di velarié, di courdage e di moco
Ounte à pèd nus quau davalo e quau mounto,
Souto la Miejo-Luno enourguïdo,
Au plus aut crousihoun de l'aubre-mèstre,
O Mahoumet! lou bastimen de Tùnis
A la pèu de moutoun qu'es pendoulado!
Es arriba lou bèu proumié : li Conse
l'an douna 'n sa de pan em'uno bouto
De vièi Canto-Perdris. Faran tampino...
Pièi à la babala, se vuei s'empegon!
E danson li jusiolo qu'an aducho,
Tirassejant si pantoufleto jauno,
Au brut di castagnolo, sus cuberto,
E canton e narrejon si sansogno.
Li Coundriéulen, zóu! emé màli peno,
Adaut dóu Prat, butant, tirant sa rigo,
Oh! saio! oh! isso! à la perfin arrambon
Si barco long dóu port e, prenènt terro,
Deja li beriquin en multitudo,
Bourrin-bourrant, envahisson, emporton

les tartanes de Gênes ou de Livourne,
les brigantins d'Alep, les balancelles
de Malaga, de Naples et de Majorque,
les goëlettes anglaises ou du Havre-de-Grâce,
les groins-de-porc d'Agde et de Cette
et les trabacs noirs de l'Adriatique.
C'est un vacillement sur le Rhône, une danse
dans le soleil, la houle et la rumeur
de tous les jargons des gens de marine.
Mais du milieu des bigues et des antennes,
des voilures, des cordages, des moufles,
où, les pieds nus, qui descend et qui monte,
sous le Croissant enorgueilli,
et au plus haut croisillon du grand-mât,
ô Mahomet! le bâtiment des Tunisiens
a la peau de mouton qui est pendue!
Il arriva beau premier : les Consuls
lui ont donné un sac de pain et un tonneau
de vieux Cante-Perdris[4]. Les Turcs feront ribote...
Puis à la garde d'Allah, s'ils se grisent!
Et les juives qu'ils ont amenées de Tunis,
traînant mollement leurs jaunes babouches,
dansent au bruit des castagnettes, sur le pont,
et chantent, nasillant leurs cantilènes.
Les Condrillots, allons! avec efforts,
au haut du Pré, poussant, touant leur flotte,
oh! hale! oh! hisse! parviennent à ranger
au long du port leurs barques et, sitôt atterris,
déjà les débardeurs en multitude
tumultueusement envahissent, emportent

Li carguesoun, en fusènt à la courso
Trantaieja li passarello primo.
— Garo davans! li Coundriéulen! — Se chupo,
Se tuerto de pertout : que treboulèri!
A respèt de Bèu-Caire en tèms de fiero,
Èro rèn lou Grand-Caire, Diéu m'ajude!

LXXXIII

Li gros brancan, carga de bouto d'òli,
Li carretoun dis eigadié qu'espouscon,
Li bancado d'arange vo de limo,
Li mouloun de coufin, de canestello,
Lis escoubo de mi, li fourco d'iero,
Li pèiro de moulin que vous entravon,
Li bringo-balo tirassant li fusto,
Que sabe iéu! dins lou sablas dóu Rose
Enjusquo li campano que se foundon.
Mai èro pièi lou Prat! De si cabano,
Di cabano innoumbrablo li renguiero,
Emé si fierejaire qu'en famiho
Gouston em'un gre d'àpi aqui-deforo,
Fau l'agué vist en touto plenitudo,
Acò, lou bèu dimenche de Bèu-Caire!
Tóuti li nòvi dóu païs d'Argènço
E de la terro d'Arle e d'en Jarneguc,
E tóuti li fringaire dis Aupiho,

les cargaisons, en faisant à la course
bruire et chanceler les passerelles minces.
— « Gare devant ! les Condrillots ! » On gueule,
on cogne de partout : quel grouillement !
A l'égard de Beaucaire en temps de foire
le grand Caire d'Égypte, Dieu m'aide, n'était rien !

LXXXIII

Les gros fardiers, chargés de tonnes d'huile,
les camions des arroseurs qui éclaboussent,
les banquises d'oranges ou de citrons,
les monceaux de cabas ou de corbeilles,
les balais de millet, les fourches de bois dur,
les meules de moulin où l'on s'achoppe
et les bringuebales qui traînent les poutres,
que sais-je, moi ? dans le sablon du Rhône
on voyait tout, jusque fondre les cloches !
Mais puis c'était le Pré ! Et ses baraques,
les rangées de baraques innombrables,
et les marchands forains qui en famille
y mangeaient en plein air un cœur de céleri :
il faudrait l'avoir vu en toute plénitude,
cela, le « beau dimanche » de Beaucaire !
Tous les mariés du pays d'Argence,
de celui de Jarnègue et de la terre d'Arles,
tous les amoureux des Alpilles,

E tóuti li parèu de la Vau-Nage,
De la Vistrenco e de la Gardounenco,
Au grand soulèu, à la fàci d'un pople,
Aqui venien passeja soun triounfle.
Souto li tèndo fresco dis andano,
Cadun sarrant lou bras de sa caduno,
Que regalado èro pas — de li vèire
Garlandeja, marcandeja si fiero
E se croumpa de « bago d'ai » pèr rire!
Aqui, tau jour, i'avié qu'un crid de glòri
Qu'esbaudissié tóuti li lèio oumbrouso:
Que fuguèsse artisano o païsano,
Que fuguèsse bourgeso vo marqueso,
l'avié qu'un crid pèr la plus bello tèsto
O pèr lou gàubi de la mai coussudo
Que tout l'an fasié lèi, ditant la modo.

LXXXIV

O bonur dóu jouvènt! dis un is autre
Rivalisant de joio e de jouïno,
Entre éli se fasien gau e ligueto.
E tout lou jour ensèmble, dins la foulo
De vint nacioun diverso, incouneigudo,
Guihèn souto lou bras emé l'Angloro
S'enanavon perdu. La moulounado,
Coume uno oundado folo, à touto zuerto

de la Vau-Nage tous les couples.
de la Vistrenque et de la Gardonenque,
au grand soleil, à la face d'un peuple,
venaient y promener, ce jour-là, leur triomphe.
Sous les tentures fraîches des allées,
chacun serrant le bras de sa chacune,
n'était-ce pas délicieux de les voir
vagabonder, marchander leurs emplettes
et s'offrir en cadeau des « bagues d'aïe⁵ » pour rire!
Il n'y avait, à pareil jour, qu'un cri de gloire
ébaudissant l'ombre des promenades :
qu'elle fût artisane ou paysanne,
fût-elle bourgeoise ou marquise,
il n'y avait qu'un cri pour la plus belle tête
ou pour l'élégance de la plus cossue
qui tout l'an faisait loi, dictant la mode.

LXXXIV

Bonheur de la jeunesse! A qui mieux mieux
rivalisant de joie et de liesse,
ils se faisaient entre eux plaisir rien qu'à se voir.
Et tout le jour ensemble, dans la foule
de vingt nations diverses et inconnues,
Guilhem et l'Anglore, au bras l'un de l'autre,
s'en allaient perdus. La tourbe humaine,
comme une houle folle, à tout hasard

*Lis empourtavo urous. Elo, esbahido
De tout ço que vesié : di chico-estrasso,
Dis enguentié qu'amount dins si carrosso,
E gin! e boum! vendien de contro-verme;
D'aquéli braguetin que vous avuglon
Emé si passo-man e passo-passo;
Di balarino auripelado e souplo
Que dansavon i lume sus la cordo;
O dóu Poulichinello emé Rousceto :
Rousceto! — Dequé vos? — Lou pichot plouro!
Ah! falié s'avisa di filoun. Rare,
Quand i'avié roudelet vers li coumèdi,
Que noun curèsson en quaucun li pòchi.
Pèr tira finamen l'or di centuro
N'i'en venié de Paris emai de Loundre!
Mai dóu plesi qu'avié l'enfantoulido
Guihèn prenènt sa part, autant badavo;
E coume, dins lou clar d'uno font puro,
Quand avès caud, l'estiéu, fai bon descèndre,
Pèr tempouri sa fèbre languissouso,
Èu descendié dins aquelo amo novo.
E n'i'avié tant à vèire, aqui, de causo!
Li rode ounte vendien li gimbeleto
Enliassado em'un fiéu, que vènon d'Albi;
Li Turc qu'enturbana vendien de pipo;
Li braiassié, li Grè couifa de rouge,
Que tènon li tapis brouda d'Esmerno
E lou gengibre e l'essènci de roso,
Bèn cachetado i mouleto de vèire
E qu'un degout tout un oustau perfumo!*

les emportait heureux. Elle, ébahie de tout
ce que ses yeux voyaient : des avaleurs d'étoupes,
des charlatans juchés sur leurs carrosses
et qui dans le bastringue vendaient des vermifuges ;
et de ces bateleurs qui vous aveuglent
avec leurs tours de mains et passe-passe ;
et de ces baladines couvertes d'oripeaux
qui dansaient aux flambeaux, légères, sur la corde ;
ou du Polichinelle avec Rosette :
« Rosette ! » — « Que veux-tu ? » — « Le petit pleure ! »
Ha ! il fallait prendre garde aux filous...
Dès qu'il y avait groupe autour des comédies,
ils vidaient à quelqu'un, presque à tout coup, les poches.
Pour tirer finement l'or des ceintures,
il en venait de Paris et de Londres !
Mais du plaisir qu'avait l'enfant naïve,
Guilhem, prenant sa part, bayait comme elle ;
et comme dans le clair d'une fontaine pure,
aux chaleurs d'été, il fait bon descendre,
pour tempérer sa fièvre et sa langueur,
il descendait, lui, dans cette âme neuve.
Et il y avait tant à voir, dans cette foire !
les endroits où étaient les marchands de gimblettes
enlacées par un fil et qui viennent d'Albi ;
les Turcs en turban, qui vendaient des pipes ;
les larges braies[6], les Grecs coiffés de rouge,
qui tiennent les tapis brodés de Smyrne,
et le gingembre, et l'essence de rose
bien cachetée dans les fioles de verre,
dont une seule goutte parfume une maison !

Pièi lou courau, li rèst de perlo fino;
Pièi li jouguet, li tambour de Bèu-Caire,
Que tant n'avèn creba, quand erian jouine!
E li ventau garni de pampaieto
E li titèi, vestido o tóuti nuso.

LXXXV

— *Eh! bèn, mai venès pas encò dóu pintre?* --
Lis ome dóu Caburle ié cridèron,
Un jour, au bèu parèu. — *Ounte s'atrovo?*
Guihèn faguè. — *Venès, seguès la bando!* —
E tout acò, balin-balòu, s'enfourno,
Lou cachimbau i dènt, en uno turno
Qu'avié pèr escritèu : Qu pinto vènde!
Un Martegau, frounsi coume uno figo,
Vièi poujaire de mar au tour dóu mounde,
A flour de pèu, em'un pincèu d'aguïo,
Pèr uno pèço aqui vous mascaravo
Touto sorto de signe vo d'istòri.
Adounc sus lou crestian, quau uno remo,
Quau l'ancro d'esperanço, quau un Criste,
Quau un cor aflama s'èro fa faire.
— *E vous, moun prince?* — *Iéu? lou diéu de l'oundo*
Vole que sorte de mi veno bluio... —
E lèu, galoi, estroupant sa camiso,
Sus lou poupu dóu bras se faguè pegne

puis le corail, les fils de perles fines;
puis les jouets, les tambours de Beaucaire
dont nous avons crevé si beau nombre, étant jeunes!
et les éventails ornés de paillettes,
et les poupées, vêtues ou toutes nues.

LXXXV

— « Eh! mais, chez le peintre vous ne venez pas? »
les hommes du Caburle un jour crièrent
à notre beau couple. — « Où se trouve-t-il? »
demanda Guilhem. — « Venez, suivez-nous! »
Et, se dandinant, la bande s'enfourne,
le calumet aux dents, en un taudis
qui avait pour enseigne : *Qui peint vend.*
Un Martégal, ridé comme une figue,
vieux routier de la mer au tour du monde,
pour une pièce, là, de son pinceau d'aiguilles,
à fleur de peau vous tatouait
toutes sortes d'emblèmes ou d'histoires.
Et sur la chair nue, qui un aviron,
qui l'ancre d'espérance, qui un Christ,
qui un cœur enflammé s'était fait faire.
— « Et vous, mon prince? » — « Moi? je veux faire sourdre
de mes veines bleues le génie de l'onde... » —
Et aussitôt, gaiement, retroussant sa chemise,
sur le muscle du bras il se fit peindre

Un bèu Dra blavinèu, alu, tout moufle
E que l'aurias di viéu sus sa car blanco.
— Acò 's acò! cridè l'Angloro, juste
Coume t'ai vist, moun Dra, souto lou Rose!
Mai qu'ères bèu! oh! ve, iéu quand ié pènse,
Ajustè plan, me fai mounta li rouito...
E ié tournaras mai, au Rose, digo!
— Au Rose, enfant? dequé i'anariéu faire,
Respoundeguè lou prince, aro que vese,
Aro que tène aquelo qu'ai vougudo!
— Mai que faras de iéu? — De tu, mignoto,
Iéu que farai? ma coumtesso ideiouso
De Mount-Dragoun o, s'ames mai, d'Aurenjo...

LXXXVI

E, tóuti disavert, ansin anavon,
Èli, pèr li carriero grouadisso,
Mai noun vesien plus rèn : ni li camello
De draparié, de flassado, li mouto
De sedo roussinello, cruso o flusso,
Que vau soun pesant d'or, ni li bandiero
De tóuti li coulour, entravessado
Sus li androuno blanco de caussino
Emé li noum di traficant de Gèno,
De Mount-Pelié, de Càdis o de Brousso,
Ni li basar que dounon la barlugo,

un beau Drac bleuâtre, ailé, potelé,
et qu'on eût dit vivant sur la chair blanche.
— « Oh ! c'est tout à fait ça ! cria l'Anglore,
tel que je t'ai vu, mon Drac, sous le Rhône !
Mais que tu étais beau !... Cela, lorsque j'y pense,
ajouta-t-elle à demi-voix, me fait rougir...
Et tu retourneras au Rhône, dis ? »
— « Au Rhône, enfant ! et qu'irais-je donc faire ?
le prince répondit, maintenant que je vois,
maintenant que je tiens celle que j'ai voulue ! »
— « Que feras-tu de moi ? » — « De toi, mignonne,
ce que moi je ferai ? ma comtesse fantasque
de Mont-Dragon ou, si tu aimes mieux, d'Orange... »

LXXXVI

Et, la tête à l'évent, c'est ainsi qu'ils allaient,
eux, par les rues grouillantes,
mais ne voyaient plus rien : ni les monceaux
de draperies, de *flassades*⁊, les tas
de soie dorée, soie grège ou floche,
qui vaut son pesant d'or, ni les enseignes
de toutes les couleurs, étendues en travers
sur les ruelles toutes blanches de chaux,
avec les noms des trafiquants de Gênes,
de Montpellier, de Cadix ou de Brousse,
ni les bazars qui donnent la berlue,

De tant que i'a de jouièu, de belòri,
Ni lou cascarelun di Bèu-Cairenco
Charrant souto lis Arc dins si boutigo
O vers si pourtalet pesant li dàti.
— Fau pamens que la vènde, ma saqueto
De pampaieto d'or! fasié l'Angloro. —
E dins li magasin ensèmble intravon,
Dins lis oustau fresqueirous, à celèstre
Festouneja coume au païs di Mouro,
Que sèmblon de sarrai plen d'oudalisco.
E souto lis arcèu, de croto en croto,
Risènt entre éli dous à la chut-chuto,
Vóutavon, sènso vèire, la desplego
Di Franchimand, di Loumbard, dis Armèni,
Dis Esterlin, di Marran e di Chincho.
— Fau pamens que li vènde, mi paiolo,
La chato redisié. — Venès, fiheto! —
Èro un orfèbre, just, que la sounavo.
— Es d'or de Ceze o dóu Gardoun d'Anduzo?
— D'Ardecho. — Alor, vejan! — La boustigouno
Vujè sa pòusso d'or dins la coupello:
N'i'avié pèr vint escut. — Aurivelaire,
Diguè lou segnouret, dos bago liso
Nous farés em' acò: metrés sus l'uno
Lou Dra, sus l'autro uno pichoto angloro...
E sara nosto fiero de Bèu-Caire. —

tant ils sont pleins de joyaux, de bijoux,
ni le joli caquet des Beaucairoises
jasant dans leurs boutiques sous les Arcs [8]
ou bien pesant les dattes sous leurs portes cintrées.
— « Il faut que je le vende, cependant, mon sachet
de paillettes d'or! » disait l'orpailleuse.
Et aux magasins ils entraient ensemble,
dans les fraîches maisons, à ciels-ouverts
tout festonnés à la mauresque,
et semblables à des sérails pleins d'odalisques.
Et sous les arceaux des salles voûtées,
riant entre eux deux, entre eux chuchotant,
ils visitaient, sans voir, les étalages
des Franchimands, Lombards et Arméniens,
des Estrelins, Marrans et Gitanos [9].
— « Il faut que je les vende, cependant, mes paillettes, »
l'Anglore redisait. — « Venez, fillette! »
Justement un orfèvre l'appelait :
— « Est-ce de l'or de Cèze ou du Gardon d'Anduze? »
— « D'Ardèche. » — « Voyons donc! » La dégourdie
vida sa poudre d'or dans la coupelle :
cela montait à vingt écus. Le damoiseau
dit : — « Batteur d'or, avec cela vous nous ferez
deux bagues lisses de fiançailles :
mettez le Drac sur l'une, un lézardeau sur l'autre...
Ce sera notre foire de Beaucaire. »

LXXXVII

Oh! Diéu! cresès que la fuguè, countènto!
Au còu i'aurié sauta. Mai, basto, à l'ouro
Que li café cantant, la niue, se vuejon,
Guihèn, un cop, se devinant pèr orto,
A rescountra pamens li Veniciano,
E zóu! vers lou pountin di cantarello
S'es entaula, soulet, pèr galantiso.
A passa la journado emé sa bruno
E, de retour dóu countentié, galejo :
— Eh! bèn, ié fai, aquéu tresor de papo
Qu'es amaga 'n Avignoun dins lou toumple,
Aquelo rastegagno d'apoustòli,
Aquéli douge barban d'or que gardo
Lou Baseli, quouro lis anan querre ?
— Segnour, uno diguè, fuguès tranquile!
Avèn quau fau pèr tenta l'aventuro
Emai pèr metre à mort, s'es necessàri,
Lou Baseli! — Pòu! se coumpren de soubro,
Ajustè 'no autro, que pariero trovo
Noun siegue pas grand causo pèr lou prince :
N'i'en manco d'or, estènt lou courtejaire
D'uno que n'en rabaio dins li flume!
— Dono, respoundeguè lou prince, aquelo
Noun avié de besoun, pèr èstre amado,

LXXXVII

Oh! Dieu! pensez-vous qu'elle fut contente!
Elle lui aurait sauté au cou... Mais, bref,
à l'heure où les cafés chantants, la nuit, se vident,
Guilhem, une fois, errant par les rues,
a rencontré pourtant les Vénitiennes
et vite, vers l'estrade des chanteuses,
s'est attablé tout seul, par gentillesse.
Il a passé le jour avec sa brune,
et, au retour du bonheur, il plaisante :
— « Eh bien, leur fait-il, ce trésor des papes,
qui, en Avignon, gît dans le grand puits,
cette brochée d'apôtres,
ces douze revenants à barbe d'or que garde
le Basilic, quand est-ce qu'on ira les chercher ? »
— « Seigneur! dit une d'elles, ne vous inquiétez pas!
Nous avons qui nous faut pour tenter l'aventure
et pour mettre à mort, s'il est nécessaire,
le Basilic ! » — « Peuh ! on comprend de reste,
une autre ajouta, que telle trouvaille
ne soit que peu de chose pour le prince :
aurait-il manque d'or, étant le courtisan
d'une qui en ramasse dans les fleuves! »
Le prince répondit : — « Mesdames,
celle-là n'eut besoin, pour être aimée,

Que d'espeli (res n'en sarié jalouso?),
Coume fai la vióuleto umblo e requisto,
A l'oumbro d'un bouissoun, zoun-zoun lanlèro!

LXXXVIII

E fredounant, Guihèn, sa cansouneto,
Au brut de quauco mandoulino liuencho,
Dins la frescour de la niuchado, i lume
Di fanau rar que pau à pau s'amosson,
Au barcarés tourno pèr s'ana jaire.
E tau lou pèis, que l'aigo ié treboulon,
Lèu-lèu que nado amount vers l'aigo lindo,
Antau Guihèn se bagno i souvenènço
D'aquelo lindo e tant douceto istòri
Dóu damisèu Aucassin de Bèu-Caire
E de la bello esclavo Nicouleto
Que volon pas ié douna pèr espouso:
Quand tóuti dous à despart lis enfermon,
Que tóuti dous fan soun escapaduro
E, libre e gai, dins lou bos se retrovon
E qu'au clar de la luno s'entre-baison;
E quand pièi d'assetoun l'a messo en sello,
Qu'éu l'emporto à chivau vers la marino
E que s'embarcon pièi en Aigo-Morto
Pèr gagna lou païs de Touro-Louro!
E quand li Sarrasin aqui li prenon

que d'éclore (quelqu'un en serait-il jaloux?)
comme fait la violette, humble et pourtant cherchée,
à l'ombre d'un buisson, zon, zon, turelure!... »

LXXXVIII

Guilhem, sur ce fredon de chansonnette,
au bruit de quelque mandoline éloignée,
dans la fraîcheur de la nuit, aux lueurs
des falots clairsemés qui peu à peu s'éteignent,
s'en retourne au port, allant se coucher.
Et, tel que le poisson dont on a troublé l'eau
nage vite en amont vers l'eau limpide,
ainsi Guilhem se baigne aux souvenances
de cette limpide et si douce histoire
du damoisel Aucassin de Beaucaire
et de la belle esclave Nicolette
qu'on ne veut pas lui donner pour épouse :
lorsqu'on les enferme, chacun d'eux à part,
et que tous les deux s'échappant,
libres et gais, au bois ils se retrouvent
et au clair de la lune s'entre-baisent ;
et lorsqu'il l'a mise en selle avec lui,
et qu'il l'emporte à cheval vers la mer,
et qu'ils s'embarquent puis en Aigues-Mortes
pour gagner le pays de Ture-Lure [10] !
Et quand les Sarrasins les faisant prisonniers

E que li van revèndre, elo à Cartage
Ounte es recouneigudo pèr la fiho
Dóu rèi, éu à Bèu-Caire ounte lou pople
L'a saluda pèr soun segnour e mèstre;
E quand, un jour, Nicouleto, en coustume
De pichot fanfourniaire, vèn, dessouto
Lou peiroun d'Aucassin, dire lou conte
Dis amour d'éu em'elo Nicouleto
E qu'enfin à Bèu-Caire se maridon,
Dins lou castèu, vers la tourre à tres caire!
— Qu'acò 's poulit! disié Guihèn, reverto
Nosto aventuro un pau emé l'Angloro... —
Mai coume a di, contro éu se drèisso uno oumbro.
E, matrassa d'un cop dins lis esquino,
Guihèn subitamen cabusso éu terro.
Ai! paure d'éu! em'un saquet de sablo
L'an saqueta pèr darrié. Di mandorro
Alin moron li son, la niue vèn mudo...
E quau a fa lou cop? en tèms de fiero
Degun jamai saup rèn : mau pèr quau toumbo!

LXXXIX

Subre lou port loungaru van e vènon
Li Coundriéulen, que deman fau que parton.
La fiero es au declin. A l'auro drecho
Li bastimen de mar deja defilon

les vont revendre, elle à Carthage
où elle est reconnue pour la fille du roi,
lui à Beaucaire où tout le peuple
l'a salué pour son seigneur et maître;
et lorsqu'un jour Nicolette, en costume
de petit vielleur, est venue au bas
du perron d'Aucassin — dire le conte
des amours d'icelui et d'elle Nicolette
et qu'enfin à Beaucaire ils se marient
dans le château, vers la tour aux trois angles!
— « Que c'est joli! disait Guilhem, cela rappelle
notre aventure, un peu, avec l'Anglore... »
Mais à ces mots, une ombre contre lui s'est dressée :
frappé d'un grand coup dans le dos,
Guilhem soudain mord la poussière...
Aïe! malheur! avec un sachet plein de sable
on l'a traîtreusement *saquetté*. Des mandores
au loin meurent les sons, la nuit devient muette...
Et qui a fait le coup? En temps de foire
nul jamais ne sait rien : pour qui tombe, tant pis!

LXXXIX

Sur le long quai du port ils vont et viennent,
les Condrillots qui repartent demain.
La foire est au déclin. Au vent d'amont
les bâtiments de mer déjà défilent

E, long dóu Prat, jusquo alin vers la pouncho
Di Matagot, vesès li velo blanco
Desfourrelado au vènt. Mai contro Rose
S'alestissènt pèr la remounto rudo,
Tóuti lis equipage d'aigo douço,
Patroun de barco emai patroun de terro,
Baile, prouvié, civadié, de si maio
Estacon li mouchoun. Aqui s'arrimon
L'òli de gres, lou bon vin de Sant-Jòrgi,
Lou ris loumbard e lou mèu de Narbouno,
E la sau de Pecai e li barrielo
D'anchoio de Frejus, li pan de sucre
E li bard de saboun que fai Marsiho.
Auto ! qu'aniue lou prince, à la Vignasso,
Pago la rouanado e la riboto !
Car es pas mort, lou prince ; en pleno sourro
L'an rabaia que noun batié plus veno ;
Mai, gramaci l'enflus de soun astrado
O lou ressort belèu de sa naturo,
S'es reviéudo. Mourira pas d'aquelo.
E Jan Rocho à despart vèn à l'Angloro :
— l'an rèn vist sus soun cors, e vòu rèn dire...
Sarié toumba, que ! dóu mau de la terro ?
L'on pòu pas saupre. — Oh! ç'anen, Jan-toutouro !
Ignores que lou Dra, quand vòu, se mudo,
Respoundeguè la drolo, e s'entremarcho
De cènt milo façoun ? Vuei sus la ribo
I'a plasegu de leissa soun cors d'ome
E de se traire avau dins l'aigo founso
Pèr ana vèire, sai ! lis espeluco

et sur le bord du Pré, jusqu'en bas vers la pointe
des Matagots, on voit les voiles blanches
déferler sous la bise. Mais, contre le Rhône
se préparant pour la remonte rude,
tous les équipages d'eau douce,
patrons bateliers et patrons haleurs,
bailes, prouviers, civadiers, de leurs câbles
vont rattacher les bouts. Et l'on arrime
les huiles de coteau, le bon vin de Saint-George,
le riz lombard et le miel de Narbonne,
et le sel de Peccais et les anchois
de Fréjus en barils, les pains de sucre
et dalles de savon que fait Marseille.
Or sus! à la Vignasse[11] le prince doit, ce soir,
payer la *rouanade*[12] et la ribote!
Car il n'est pas mort, le prince : en plein sable
on l'a ramassé ne battant plus veine;
mais, grâce à l'influx de sa bonne étoile
ou peut-être au ressort de sa nature, il est
sur pied. Il ne doit pas mourir de celle-là.
Et Jean Roche à part cause avec l'Anglore :
— « On ne lui a rien vu sur le corps; il se tait...
Serait-il tombé du haut mal?
On ne peut pas savoir. » — « Allons donc, Jean-la-flûte!
Ignores-tu qu'à son vouloir le Drac se mue,
répondit la nicette, et se dérobe
de cent mille façons? Aujourd'hui sur la rive
il lui a plu de laisser son corps d'homme
et de se plonger dans les eaux profondes
pour aller voir, que sais-je? les cavernes

Ounte gardè sèt an la bugadiero,
Aquelo bugadiero de Bèu-Caire
Qu'avié toumba soun bacèu dins lou Rose,
Aqui de-long, l'as bèn entendu dire?
— O, repliquè lou prouvié, 'mé li Trèvo
De rèn fau s'estouna... Mai, qu'acò fugue
Verai o noun, siés uno bello folo
D'escouta si paraulo safranouso
E de pas vèire, pauro, que t'enjueio
E qu'éu, un jour, aguènt poumpa ta vido,
Sus lou ribas de quauco graveliero,
Un jour, perdu te leissara cadabre!
— Hòu! l'Angloro diguè, la lagramuso
N'es-ti pas la sourreto dóu Coulobre?
— Ve, t'enlabrenara! — Se m'enlabreno,
Eh! bèn, siegue moun ur! iéu voulountouso,
Me leissarai toumba dins l'engòulido,
Coume toumbo la fueio au gourg que bado! —

.

XC

E Mèste Apian cridè: — Sarnipabièune!
D'abord que vòu paga la bello souido,
Es un bon prince acò! — Noum d'un gimerre!
Lis ome an respoundu, fau que s'embugue
Dóu vièi sant Micoulau aniue la tino!
— Anen, enfant! — E zóu! touto la colo

où il garda sept ans la lavandière,
la lavandière beaucairoise
qui avait laissé choir son battoir dans le Rhône,
sur ce rivage même, tu l'as bien ouï dire ? »
— « Oui, répliqua le prouvier, des Esprits
rien ne doit étonner... Pourtant, que cela soit
vrai ou non, tu es une belle folle
d'écouter ses paroles ambiguës,
sans voir, pauvrette, qu'il t'enivre
et qu'ayant un jour aspiré ta vie,
sur la rive nue de quelque gravier
il te laissera, toi aussi, cadavre! »
— « Ho! dit-elle, l'Anglore, ce petit lézardeau,
n'est-elle pas un peu sœur du Dragon ? »
— « Il te fascinera! » — « Eh bien! qu'il me fascine,
si mon destin est tel! Moi de bon cœur
je me laisserai choir à la pipée,
comme au gouffre béant tombe la feuille! »

XC

Et Maître Apian cria : — « Jarni-pas-Dieu!
puisqu'il veut nous payer le régal de la fin,
vraiment c'est un bon prince! » — « Nom de quelque jumart!
les hommes répondirent, faudra qu'on la combuge,
ce soir, la cuve au vieux saint Nicolas! »
— « Allons, enfants! » Et tous gravissant la montée,

S'enmounto au cabaret de la Vignasso.
D'aqui se vèi lou plan-païs d'Argènço
E la Sèuvo-Goudesco ounte la bicho
Menè tout dre lou rèi à l'ermitòri
Dóu grand sant Gile. Aqui pèr sòu barrulon
Li vièi boulet de pèiro glouriouso
Qu'espóutiguèron, tra pèr li calabre,
Li Crousa de Mount-Fort : clapas de pèiro
Sèt fes sacra, suprème testimòni
D'un pople debaussa, noun sènso lucho,
Lou rire i labro e cantant soun martire!
Dounc, un cop entaulado la grand chourmo
A l'entour d'En Guihèn : — Sabès, cardacho,
En quau, ié dis Guihèn, me pren envejo
De counsacra l'artimo repeissudo
Que fasèn dins Bèu-Caire? I patrioto
Dóu ribeirés rousau, is intrepide
Que dins li jour ancian se mantenguèron
Au castelar qu'à nòstis iue s'aubouro!
I ribeiròu valènt que si coustumo
E soun port franc e soun grand Rose libre
Sachèron apara! D'aquéli rèire,
Gaiardamen toumba dins la bagarro,
S'an vuei li fiéu desóublida la glòri,
Tant-plus-mau pèr li fiéu! Mai vàutri, chouro,
Qu'avès toujour sauva lou crid : Empèri!
E que, bravas, à vosto dessaupudo,
Anas bèn lèu, anas bessai tout-aro,
Pèr apara lou Rose dins sa vido,
Anas liéura la bataio radiero,

s'en vont au cabaret de la Vignasse.
De là se voient le plain-pays d'Argence
et la Sylve-Godesque, en laquelle la biche
mena le roi des Goths tout droit à l'ermitage
du grand saint Gille. A terre c'est là que sont roulants
les vieux boulets de pierre glorieuse
qui ont broyé, lancés par les *calabres* [1],
les Croisés de Montfort : amas de pierres
sept fois sacré, suprême témoignage
d'un peuple déroché, mais non sans lutte,
le rire aux lèvres et chantant son martyre!
Donc, la grand'chiourme une fois attablée
autour de Guilhem : — « Savez-vous, amis,
leur dit Guilhem, à qui l'envie me prend
de consacrer notre dernier repas
fait à Beaucaire? Aux patriotes
des rives rhodaniennes, aux intrépides
qui, dans les jours d'autrefois, se maintinrent
au château fort qui à nos yeux s'élève!
aux riverains qui surent défendre valeureux
et leurs coutumes et leur port franc
et leur grand Rhône libre! De ces ancêtres-là
gaillardement tombés dans la bagarre,
si aujourd'hui les fils ont oublié la gloire,
eh! tant pis pour les fils! Mais vous autres, les gars,
qui avez conservé le cri : Empire!
et qui, en braves gens, à votre insu,
allez bientôt, peut-être tout à l'heure,
pour défendre le Rhône dans sa vie,
allez livrer la bataille dernière,

Emé iéu fourestié, mai qu'enraiouno
E qu'embriago vosto lus dóu Rose,
Aussas li got à la causo vincudo! —
Tóuti li got dins li man clantiguèron.
Li marinié, Mèste Apian, chaurihavon
Estabousi, sènso trop bèn coumprene,
Mai respetous e mut. Lou galant prince
Countunié coume eiçò : — Pàuri de vautre!
Emai de vòsti nau lou bèu trigòssi,
Emai li lòngui tiero blanquinello
Remoucado en amount pèr li quadrigo
Di chivalas que tirasson la maio,
A la malemparado belèu courron!...
Mai en que sièr, o subre-estant d'un pople
Que despièi tres milo an tenié l'empento,
De pregemi sus la causo perdudo!
Coume au castèu ilustre de Bèu-Caire,
Coume li Prouvençau, bello finido,
En fàci dóu Soulèu e dóu grand Rose,
Fasen la Rouanado e la Soulenco!
E chimen, à la barbo di vincèire,
Lou vin dóu Genestet que reviscoulo...
E brame lou Rouan, en Rouanesso! —

XCI

Or lou soulèu sus Nimes trecoulavo,
Espargissènt au long dóu vaste flùvi

avec moi étranger, mais radieux
et ivre de votre lumière du Rhône,
haussez les verres à la cause vaincue! »
Dans les mains tous les verres retentirent.
Les mariniers, Maître Apian écoutaient
ébaubis, sans trop bien comprendre,
mais avec respect et silencieux.
— « Mes pauvres gens! reprit le galant prince,
et le beau train aussi de vos bateaux,
et les files aussi, les longues files blanches,
remorquées en amont par les quadriges
de vos grands chevaux qui traînent la maille,
au désastre imprévu courent peut-être!...
Mais à quoi bon, ô survivants d'un peuple
qui depuis trois mille ans tenait le gouvernail,
gémir en vain sur la cause perdue!
Comme au château illustre de Beaucaire,
comme les Provençaux, pour bien finir,
en face du Soleil et du grand Rhône,
faisons la Rouanade et la Soulenque [14]!
Et humons, à la barbe des vainqueurs,
le vin du Génestet [15] qui ressuscite...
Et mugisse le Rhône, en Rouanesse [16]! »

XCI

Or le soleil disparaissait sur Nîmes,
en épanchant le long du vaste fleuve

Li ple de sa flassado ensaunousido
E de si rai la reflamour darriero
Sus lou castèu de la Tarasco, mounte
Lou rèi Reinié semblavo, à sa fenèstro,
Benesi la suprèmo rouanado.
— A la santa dóu patroun! — E dóu prince!
— Vivo sa caro! — E vivo nautre! En joio
Barquejen longo-mai! — En nau seguro
Reveguen Andanceto! — E Sant-Maurise!
— E lis escalinado coundriéulenco
Ounte, se Diéu lou vòu, tout noste mounde
Retrouvessian dins mens d'uno mesado! —
E manjon la broufado espesso e forto
Que i'es lou bióu empiela sus li cebo;
E di palabourdoun fan bello brifo
E picon au pechié. Mai à la luno,
En davalant après vers la barcado:
— Que! lou prouvié fai à Jóusè Ribòri,
Atroves pas que ço qu'a di lou prince
Retrais un pau aquéli sourcilège
Que l'Angloro disié, dóu ranc de Tourno?
— Ah! bouto, sabe pas, repliquè l'autre,
Mai i'a quauque malan dóu tron de milo
Que nous menaço tóuti, e meme, meme
Aquéu bon bachelar que nous fai sousto...
L'an pas leissa pèr mort, aièr? Moun ome,
Sian à-n-un siècle que lou Diau trafuro!

les plis de son manteau ensanglanté
et le dernier reflet de ses rayons
sur le château de la Tarasque, d'où
le roi René semblait, de sa fenêtre,
bénir le Rhône en sa suprême turgescence.
— « A la santé du patron! » — « Et du prince! »
— « Vive sa face! » — « Et vive nous! En joie
vogue la barque! » — « Et puissions-nous revoir,
sains et saufs, Andancette! » — « Et Saint-Maurice! »
— « Et les escaliers du port de Condrieu
où, si Dieu veut, dans moins d'un mois,
nous puissions retrouver tout notre monde! »
Et, mangeant la *broufade* épaisse et forte
où sur les oignons s'empile le bœuf,
ils font honneur aux plantureux morceaux
et cognent au pichet. Mais à la lune,
en dévalant ensuite vers les barques :
— « Hein! le prouvier faisait à Ribory,
ne te semble-t-il pas que ce qu'a dit le prince
rappelle un peu ces sortilèges
dont l'Anglore parlait, touchant le roc de Tourne? »
— « Ah! va, je ne sais pas, répliqua l'autre,
mais il y a dans l'air quelque désastre
qui nous menace tous, et même, même
ce bon jouvenceau qui nous prête appui...
Ne l'a-t-on pas laissé pour mort, hier? Mon homme,
nous sommes à un siècle encorné par le Diable! »

CANT VOUNGEN

LA REMOUNTO

XCII

E van se jaire. A l'aubo, entre que piéuto
Dins li brouas dóu Rose l'auceliho,
Dau! dau! lou veiturin, lis equipage,
Tout acò's deja dre. Pèr la remounto
An tira li sapino, li pinello,
Tafort! adrou! de l'autro man dóu flume.
Desplegon li dos maio tànti longo
Qu'à l'aubourié de la grand nau se ligon.
Agroupon i dos maio li maieto
Pèr i' atala li grand chivau de viage.
Au cau-d'avans de la barco majouro
Vint-e-vue garagnoun se i' apountellon,
Dessepara, quadrigo pèr quadrigo,
Emé soun menadou de quatre en quatre.

CHANT ONZIÈME

LA REMONTE

XCII

Et ils vont se gîter. A l'aube, dès que chantent
dans les taillis des bords du Rhône les oiseaux,
alerte! alerte! le patron, les équipages,
tout le monde est debout. Pour la remonte,
ils ont tiré sapines et penelles,
et hale! et pousse! de l'autre main du fleuve.
Ils développent les deux longs maîtres-câbles
qui se relient à l'*aubourier*[1] de la grand'nef.
Ils nouent aux maîtres-câbles les cordelles
où vont être attelés les grands chevaux haleurs.
Au câble d'avant de la grande barque
vingt-huit étalons étayent leurs efforts,
séparément, quadrige par quadrige,
avec leur conducteur de quatre en quatre.

*Li quatre primadié, tóuti blanc, porton
Lou baile carretié — qu'a la counducho
Di vuetanto chivau dis atalage.
Au cau-d'arrié van jougne mai dès couble;
Au cau de la carato uno dougeno;
Au restant di batèu o de la rigo
Lou rèsto di supèrbi roumpe-tèsto.
En endihant vers lis ego palustro
E gravachant la terro de si bato,
Oh! que soun bèu, la creniero que floto,
Emé li róugi flo de si cabestre,
Si rava blu de lano amechourlido,
Si coulassoun plen de clavèu de couire!
A Tarascoun, i'an douna la civado.
Lou manescau ferrant, qu'es de l'escorto,
Un darrié cop lis a passa 'n revisto.
Li marinié de terro, à pleno cencho
Pourtant li batafiéu — que s'envertouion
Pèr adouba, quand fau, li roumpeduro
De la maio, — soun lèst. D'aut de la barco,
Lou vièi patroun Apian, en vesènt siéuno
Aquelo pouderouso cavalino
Qu'en dougo dóu grand flume s'esperlongo,
En countemplant touto aquelo sequèlo
De marinié, de carretié, que bourjon
Li Segounau dóu Rose à sa coumando,
En espinchant la floto e la tesuro
Dis aut tibanèu blanc que s'encamellon
Subre la carguesoun di marchandiso
Bèn estivado e marcado à bon nòli*

Les quatre chefs de file sont tout blancs; ils portent
le baile-charretier, qui a la direction
des quatre-vingts chevaux des attelages.
On joint dix couples sur le câble d'arrière;
au *câble de carate* une douzaine;
au restant des bateaux ou de la *rigue*
le reste des superbes grands chevaux.
Et, hennissant vers les cavales des marais,
et de leurs sabots écroûtant la terre,
oh! qu'ils sont beaux, la crinière flottante,
avec les rouges houppes de leurs brides,
avec leurs housses aux bleus flocons de laine,
et leurs colliers ornés de clous de cuivre!
A Tarascon leur fut donnée l'avoine.
Le maréchal-ferrant, qui les escorte,
une dernière fois les passa en revue.
Les mariniers de terre, à leur ceinture,
portant roulées en bloc les cordelettes
qu'il faut pour radouber au besoin les ruptures
de la maille, sont prêts. Du sommet de la barque,
le vieux patron Apian, en voyant sienne
cette puissante harde chevaline
qui sur la berge du grand fleuve se prolonge,
en contemplant toute cette séquelle
de mariniers, de charretiers, qui fouillent
les Ségonaux du Rhône à son commandement,
en regardant la flotte et la tension
des hautes bannes blanches inclinées,
couvrant la cargaison des marchandises
bien arrimées, marquées à bon nolis

*Pèr l'escrivan, lou vièi patroun se gounflo
Dins soun ourguei de mèstre d'equipage:
— E vuei, pèr trebóuja, dis, que ié vèngon
Li Cuminau tant famous de Serriero,
Li Bounardèu de Lioun, tànti riche,
Li Martouret bragard, que n'an que piafo,
E li boutié d'Isero e de Grenoble
Emé si bióu lourdas, councha de bóuso!
Que ié vèngon, se volon, en seguido:
Ié fara, lou Caburle, tira l'ènso! —*

XCIII

*E coume a di, capèu en man, saludo
La crous de l'equipage qu'es en poupo,
Emé soun det moutu que trempo au Rose,
Devoutamen, noublamen éu se signo:
— Au noum de Diéu e de la santo Vierge,
Adounc coumando, fa tira la maio! —
Lou prouvié sus la pro, que fai escouto,
Repetis: — Fa tira la maio! — En terro
Lou patroun de calaumo à soun tour crido:
— Eh! fa tira la maio! — D'un à l'autre
Lou crid enjusquo au baile amount ressono.
Lou baile carretié dins l'estendudo
Mando un bèu cop de fouit: li vint quadrigo,
Au repetun di chasso lardarello*

par l'écrivain, le vieux patron se gonfle
en son orgueil de maître d'équipage :
— « Et pour passer devant, aujourd'hui, qu'ils y viennent,
les Cuminal tant fameux, de Serrières,
les Bonnardel si riches, de Lyon,
les Marthouret arrogants et piaffeurs,
et les bouviers d'Isère et de Grenoble,
avec leurs bœufs lourdauds, souillés de bouse !
Qu'ils y viennent, s'ils veulent, à la suite :
il les fera trimer, le Caburle, d'ahan ! »

XCIII

Et le chapeau en main, ayant dit, il salue
la croix de l'équipage sur la poupe,
et de son doigt obtus, qu'il trempe au Rhône,
dévotement, noblement il se signe :
— « Au nom de Dieu et de la sainte Vierge,
lors commande-t-il, fais tirer la maille ! »
Le prouvier sur la proue, qui se tient à l'écoute,
répète : « Fais tirer la maille ! » A terre,
le patron du halage à son tour crie :
« Eh ! fais tirer la maille ! » D'un à l'autre
le cri résonne en amont jusqu'au baile.
Le baile-charretier, dans l'étendue,
lance un beau coup de fouet : les vingt quadriges,
au claquement des mèches qui les percent,

Desparron à la fes. Se desvouloupon
E s'estiron li gumo fin-que tiblon
E, desmarrado en plen tóuti li barco,
Lou grand patroun repren : — Amaio sòli!
E fa tira davans! — La longo tiero,
Sus la levado e la calado rufo,
En rebalant contro l'aigo que fouito
La tirassiero grèvo de la rigo,
Tout siau à soun trantran doune s'encarrèiro.
E souto lou brancun di gràndis aubo,
Dins lou silènci de la vau de Rose,
A l'esplendour dóu soulèu que se lèvo,
Au pas di bèu chivau que s'escourpouiron
E de si narro embandisson la tubo,
Lou proumié carretié dis la preguiero.
De liuen en liuen, sus lou coutet lis autre
Aguènt lou fouit que pènjo emé sa lonjo,
En caminant, avau darrié, se signon
O, pèr abra lou cachimbau à l'esco,
Picon de fió sus lou peirard. La troupo,
Tirant de long belèu un quart de lègo,
Vai ribejant li sauseto ramudo
Ounte la maio freto e s'entrepacho.
Arma d'un pau — que sus l'espalo porton,
Li marinié de terro la seguisson,
Tenènt d'à ment l'einormo tourtouiero,
Pèr la faire sauta sus lis entramble;
O 'mé li batafiéu — qu'à la centuro
Se soun enviróuta, de-longo adoubon
Sus li reinard quauque trenoun que peto.

s'ébranlent à la fois. Déployés en longueur,
les cordages s'étirent, se roidissent;
et, démarrées en plein toutes les barques,
le grand patron reprend : — « Marche tranquille!
et fais tirer devant! » La longue file,
sur la chaussée aux pavés rudes,
en remorquant, malgré les eaux impétueuses,
la traînerie pesante du convoi,
tout bellement à son trantran lors s'achemine.
Et sous les hautes branches des grands peupliers blancs,
dans le silence de la vallée du Rhône,
à la splendeur du soleil qui se lève,
au pas des beaux chevaux qui s'évertuent
et de leurs naseaux chassent la buée,
le premier charretier dit la prière.
De loin en loin, les autres, sur le cou
ayant le fouet qui pend avec sa longe,
en cheminant en arrière, se signent,
ou bien, pour allumer leur pipe à l'amadou,
frappent sur le briquet. La troupe,
tirant de long peut-être un quart de lieue,
va côtoyant par les saulaies touffues
où frotte et s'enchevêtre la maille du halage.
Armés d'un pieu qu'ils portent sur l'épaule,
les mariniers de terre l'accompagnent,
suivant de l'œil le câble énorme
qu'ils font sauter sur les obstacles.
Et des cordelettes, qu'autour de leur corps
ils ont enroulées, sans cesse ils réparent
sur les palonniers quelque brin qui rompt.

XCIV

Mai enterin, au bout de la grand cordo,
Pereilavan sus la barcado lènto,
De poupo à pro lou vièi patroun que guincho
A di : — Prouvié, regardo un pau dessouto...
Em' aquélis eigas (qu'un tron li cure!)
Sabès jamai li founs... — La soubeirano!
En negant l'escandau cridè Jan Rocho.
— A la bono ouro! — E veici que lou prince
Demando à Mèste Apian : — Ansindo mounto
Forço, lou Rose, quand vèn fièr? — En subre
De tout aquéu planas que s'espalargo
De chasco man dóu flume, tant que terro,
Ai vist, diguè lou vièi, ai vist lou Rose,
Enfle pèr lou glavas dis endoulible,
Bandi sis erso eujusquo à la courouno
Dis amourié! Sus li meissoun perdudo,
Sus la desoulacioun dóu plen terraire,
Ai vist, iéu, li barquet vougant pèr orto
Au secours di masié sus si téulisso!
Aqui, moussu, tenès, à Valabrego,
Tres jour, tres niue, pèr èstre en terro sauvo,
S'èron ramba li gènt au cementèri!
Fasié freni, la niue, d'ausi lou rounfle
D'aquelo mar sóuvajo, souloumbrudo,

XCIV

Mais entre temps, au bout de l'encâblure,
par là-bas sur la flotte qui monte lentement,
le vieux patron qui veille de la poupe à la proue
a dit : — « Prouvier, regarde un peu dessous...
Avec ces crues subites (qu'un tonnerre les creuse!)
sait-on jamais les fonds? » — « La *souveraine*¹! »
en noyant la sonde a crié Jean Roche.
— « A la bonne heure! » — Et voici que le prince
demande à Maître Apian : — « Ainsi, s'élève-t-il
bien haut, le Rhône, lorsqu'il devient fier ? »
— « Au-dessus de la plaine qui s'élargit immense
de chaque bord du fleuve, autant que va la terre,
j'ai vu, dit le vieillard, j'ai vu le Rhône,
enflé par les averses des déluges,
lancer ses vagues jusqu'à la couronne
des mûriers! Sur les moissons perdues,
sur la désolation de tout le territoire,
j'ai vu, moi, les bachots voguer à travers champs
au secours des fermiers sur leurs toitures!
Tenez, monsieur, là même, à Valabrègue,
trois jours, trois nuits, pour être en terre sauve,
les gens au cimetière s'étaient réfugiés!
Quelle horreur, la nuit, d'entendre mugir
cette mer sauvage, menaçante et sombre,

Qu'esventrant li levado emai li bàrri,
Empourtavo lis aubre, li recordo,
Li fenassièu tóutis entié! Me mèmbro,
Pecaire, un chin, pres pèr la negadisso,
Que sus lou camelun d'uno paiero
Lou veguerian flouta que gingoulavo...
Mai se diguè-ti pas que sus lis oundo
Avié passa perèu un brès de vorge
Em' un enfant que ié plouravo dintre?
E li cop de fusièu qu'à la sournuro
Entendias dins lis isclo e que tiravon
Li pàuris insoula de la ribiero!
Ah! boutas, d'aquèu tèms, quand sus li loxo
Avès un trin de barco emé vint coublo
De chivau coume acò, 's pas que que fugue!
— Dia! fa tira lou cau-d'avans! — Vous dise
Que i'a gens d'eigassado tant rabènto
Ni que fague tant pòu emai tant afre
Coume aquèu Rose, quand se desgounfouno.
Se coumpren pas de mounte tron pòu sorge
Tant d'aigo, e fau que vèngue dòu delubre!
Car se vesias quand boundo e que carrejo,
Nous adus de varage e de bestiàri
Que jamai de la vido se veguèron!
— Dia! fa tira lou cau-d'arrié! — La biso
Urousamen baiè soun cop d'escoubo;
Autramen perdian tout, aquel an, fusto
E vin. N'en faguerian, dins lou tempèri,
Pèr quatre subre-fort chivau de viagè
Que valié proun, lou mendre, cènt pistolo!

qui, éventrant les chaussées, les remparts,
emportait arbres et récoltes,
les tas de foin entiers! Il me souvient
d'un pauvre chien, pris par l'inondation,
que nous vîmes flotter tout plaintif sur le comble
d'une meule de paille emportée par les eaux...
Mais ne conta-t-on pas que sur les ondes
avait passé même un berceau d'osier
avec un enfant qui pleurait dedans?
Et les coups de fusil qu'au milieu des ténèbres
on entendait aux îles, et que tiraient
les pauvres isolés de la rivière!
Ah! dans un temps pareil, quand sur les lones
vous avez un convoi de barques avec vingt couples
de chevaux comme ça, le souci n'est pas mince!
— Dia! fais tirer le câble d'avant! — Je vous dis
qu'il n'y a point de crue si violente
ni si épouvantable et si affreuse
comme ce Rhône, lorsqu'il sort de ses gonds.
Et l'on ne comprend pas d'où, tonnerre! peut sourdre
tant d'eau : faut qu'elle vienne du réservoir des monts!
Car lorsqu'elle bondit et charrie, voyez-vous,
elle porte avec elle des épaves, des bêtes,
que jamais de la vie on ne voit nulle part!
— Dia! fais tirer le câble d'arrière! — Mais la bise
donna par bonheur son coup de balai;
sans ça, nous perdions tout, cette année, fût et vin.
Dans la bourrasque, nous en fûmes
pour quatre puissants chevaux de halage
dont valait bien le moindre cent pistoles! »

XCV

— O patroun, hòu! en uchant de la ribo
Cridè lou civadié, que davans tóuti
Es éu que d'à chivau tènto li gafo,
Alestis lis arrèst e la pasturo.
— Que i'a? fai Mèste Apian. — Aquesto jouncho,
Dinan à Malivèn? — Jan de la Muelo,
Perqué noun au Grand-Mas? — Lou vènt s'amodo,
E farian bèn d'esperlounga la tiro...
— A Malivèn! — Darrié, sus la carato
Avien planta l'arpi, mounte se pènjo
Li farlambias de car, prouvèndo cruso
Que fan seca au soulèu. N'en desacrocon,
Ardit, quàuqui bon tros pèr metre à l'oulo;
E lou chat dóu batèu fai la bouiaco.
Entandóumens l'Angloro que l'ajudo
Ansin ié vèn : — Chat! se'n-cop me maride,
Te li farai tasta, que? li dragèio...
— Mai emé quau te marides, Angloro?
— Ve, lou veses, aquéu sus la grand barco
Eila-davans, qu'a la barbeto bloundo?
— O, lou prince Guihèn! — Mignot, tout juste.
— Siés pas de plagne, Angloro! — Es la planeto
Que l'a vougu : quand soun li causo escricho
Dins l'estelan, eh! bèn, fau que se fagon...

XCV

— « Ohé! patron! » en hélant de la rive
cria le *civadier* — qui précède la troupe
et à cheval sonde les gués
et prépare les haltes et apprête les vivres.
— « Qu'y a-t-il? répondit Maître Apian. — « Cette traite,
est-ce pour Maliven, le dîner? » — « Jean-la-mule,
pourquoi pas au Grand-Mas? » — « Le vent s'ameute :
il serait bon peut-être d'allonger la courroie... »
— « A Maliven! » Derrière, au bateau de *carate*,
on avait planté droite la gaffe où l'on suspend
les gros quartiers de viande, provision qu'au soleil
on fait boucaner crue. Ils en décrochent,
bravement, quelques bons lopins pour la marmite;
et du bateau le mousse, lui, est le maître-coq.
Or voilà que l'Anglore, qui l'aide à cuisiner,
lui a dit : — « Mousse, lors de mon mariage,
je te ferai goûter les dragées, mon petit!... »
— « Mais avec qui te maries-tu, Anglore! »
— « Tiens, sur la grande barque, le vois-tu, là devant,
celui-là qui a la barbette blonde? »
— « Oui, le prince Guilhem! » — « Mignon, tout juste. »
— « Mais tu n'es pas à plaindre, Anglore! » — « La planète
l'a voulu : quand les choses sont écrites
dans les astres, eh bien, il faut qu'elles se fassent!... »

— Emé lou prince ! e quouro pièi li noço?
— N'avèn panca parla; mai es de crèire
Qu'aura flouri moun sort avans que toumbe
La flour d'esparganèu. — Alor siés richo?
— Perqué? — D'abord qu'un prince te fai nòvio! —
L'arpaiarello d'or riguè : — Paureto,
En gagnant douge sòu pèr jour! — Oh! boustro!
Vai, n'en dèves avé, dempièi que furgues
Li sablas de l'Ardecho emé si baumo
Que se ié vèi, dison, de meraviho!

XCVI

— Lou dison, o; mai pièi quau ié penètro
Alin tant founs! Sabes, faguè la drolo,
Qu'es pas tout plan de ressegui la coumbo?
Li rancaredo afrouso que l'enmuron?
Lou Ranc dóu Courpatas, lou Ranc dóu Nible,
E lou Castèu amount de Dono Vierno?
Pièi li rajòu de l'Ardecho : la Favo,
Lou Sèti, la Cadiero, la Caviho;
Après, lou baus dóu Chin... Quand siés i borno,
Es aqui que fau pas èstre póutrouno!
Rescontres un pertus que souto terro
Pòu te mena, quau saup? belèu au diable!
Aro, de-rebaloun, emé de lume,
Dins aquel aven sourne se t'arrisques,

— « Avec le prince ! Et les noces, à quand donc ? »
— « Nous n'avons pas parlé de ça ; mais c'est à croire,
mon sort aura fleuri avant que passe
la fleur d'*esparganeu*. » — « Tu es donc riche ? »
— « Pourquoi ! » — « Puisqu'un prince t'épouse ! »
L'orpailleuse sourit : — « Pauvre petite,
en gagnant douze sous par jour ! » — « Oh ! va, futée,
tu dois en avoir, depuis que tu fouilles
les sablons de l'Ardèche et ses grottes avec
où l'on voit, dit-on, des merveilles ! »

XCVI

— « On le dit bien ; mais puis, qui y pénètre
dans ces profondeurs-là ! Sais-tu que ce n'est pas,
fit-elle, si aisé de remonter la combe ?
les affreuses falaises qui l'emmurent ?
le Rocher du Corbeau, le Roc de l'Épervier,
et le Château, là-haut, de Dame Vierne ?
puis les rapides de l'Ardèche : la Fève,
le Siège, la Chaire, la Cheville ;
après, le pic du Chien... Une fois aux cavernes,
c'est là qu'il ne faut pas être poltronne !
Tu rencontres un trou qui peut, sous terre,
te mener, qui sait où ? peut-être au diable !
Maintenant, en rampant, avec de la lumière,
si tu te risques dans cet abîme sombre,

*Ah! dison qu'acò 's bèu! Troves de croto,
D'espeluco, de chambro, de capello
Que fan veni, tóutis endiamantado,
Li parpaiolo is iue. 'Mé si couroundo
l'a, dison, uno glèiso magnifico,
Aguènt si sànti-font, aguènt sis orgue,
Aguènt si benechié 'mé sa tribuno!
As, touto cloto, uno salo de danso
Emé, garni de milo candeleto,
A soun plafoun li lustre que pendoulon;
As, tóuti lèst, plen d'aigo cristalino,
Uno salo de ban; un cementèri
Emé si gràndi toumbo que blanquejon;
De lòngui lèio d'aubre que fan oumbro;
Un tiatre qu'espandis sa coulounado;
Meravihouso enfin, touto uno vilo
Que de sis abitant es véuso e vuejo...
l'an vist pamens uno grosso Tartugo,
l'an vist lou Lert, e d'àutri bèsti orro...
— Mai, ve! diguè lou chat à la subito,
N'as uno à toun anèu, d'aquéli bèsti?
— Acò? 's lou Dra, ma fiero de Bèu-Caire.
— Te l'a dounado quau? — Aqui moun nòvi.
— Mai sabes qu'es poulit! — Destapo l'oulo,
Cridè l'Angloro, que tout-aro verso! —*

ah! l'on dit que c'est beau! Tu trouves là des cryptes,
tu trouves là des grottes, des chambres, des chapelles
qui, toutes diamantées, te font venir
les papillons aux yeux. Arc-boutée de colonnes,
il y a une église magnifique, dit-on,
avec ses fonts de baptême, ses orgues,
avec ses bénitiers et sa tribune!
Tu as là, de plain-pied, une salle de danse
ayant, garnis de milliers de chandelles,
les lustres suspendus à son plafond;
tu as, tout prêts, pleins d'une eau cristalline,
une salle de bains; un cimetière
avec ses grandes tombes blanchissantes;
de longues allées d'arbres qui font ombre;
un théâtre étalant sa colonnade;
merveilleuse, en un mot, une cité
qui de ses habitants est veuve et restée vide...
On y a vu pourtant une grosse tortue,
on y a vu le Lert, d'autres bêtes horribles... »
— « Mais, vois! dit le petit subitement,
tu en as une sur ta bague, de ces bêtes? »
— « Ça? c'est le Drac, ma foire de Beaucaire. »
— « Et qui te l'a donné? » — « Mon fiancé, qui est là. »
— « Sais-tu que c'est joli! » — « Découvre la marmite,
cria l'Anglore, car elle va verser! »

XCVII

E soun à Malivèn. S'es aplantado
La grand cavalarié; s'es, lou Caburle,
Amourra pèr la pro dins lis aubriho
E li sèt barco em'éu. Se desencolo,
S'arribo li chivau long di broutiero.
En round agrouva au sòu, manjon la soupo
Au meme plat, de tres en tres, li ràfi.
Li marinié, bando à despart, s'asssèton
A l'entour dóu patroun sus la sapino
E Mèste Apian, quand a pres sa mourdudo,
Viro la caro, soucitous, vers l'orso
E fai : — Aquéu mistrau, ai pòu que boufe!
La vesès, l'Agrimoueno agroumelido
Qu'eilamoundaut en long ciprès s'apouncho?
E lou timoun, l'ausias coume renavo?
E li man, li sentès coume soun rufo?
Es de vènt, tout acò! — Jóusè Ribòri
Apoundeguè labru : — La luno es pleno,
E tant pourrié s'empegne à la tempèsto...
— Vaqui perqué, diguè lou mèstre, à dicho
Qu'auran fa béure aquélis atalage,
Fau, zóu! bouta coulas e sènso alòngui. —
Ço que fan. Entre avé passa, li fèrri
Di vuetanto chivau, à la remudo

XCVII

A Maliven cependant a fait halte
la grande cavalerie, et le Caburle
dans les taillis vient d'allonger sa proue,
les sept barques ensemble. Et l'on découple
et l'on pait les chevaux le long des oseraies.
Les charretiers, accroupis à la ronde,
mangent, de trois en trois, au même plat la soupe.
Les mariniers, en bande à part, s'asseyent
à l'entour du patron sur la sapine;
et Maître Apian, ayant pris sa bouchée,
tourne la tête, soucieux, vers le nord
et dit : — « Ce mistral-là, j'ai peur qu'il souffle !
La voyez-vous, la nuée grumelée
qui dans le ciel en long cyprès s'aiguise?
Et le timon, l'entendiez-vous grincer?
Et les mains, sentez-vous comme elles sont rugueuses?
C'est du vent, tout cela ! » Et en faisant la lippe :
— « La lune est pleine, ajouta Ribory,
et le temps pourrait bien se mettre à la tempête... »
— « Voilà pourquoi, dit le maître, aussitôt
qu'on aura fait boire ces attelages,
qu'on mette les colliers aux bêtes et sans retard. »
Ce qu'ils font. Et les fers des quatre-vingts chevaux
aussitôt soumis à la relevée

Dóu manescau ferrant que fai sa vòuto,
Bouton coulas e, fa tira la maio!
— Hòu! gafarot, i'a de gourg en Durènço?
— Es à rode. Avanças li coursié... Tiro
Toun cavalin, baile, coublo pèr coublo:
Embarcaren li proumié; dins li croso
Lis àutri seguiran... Tenès la gafo!
Ié sias? — Ié sian. — Dins l'aigo mau-seguro
Li chivalas en s'esbroufant apèson.
Entandóumens qu'eila-darrié la rigo
A longo maio sus lou Rose poujo,
Au repetun di fouit, au bram dis ome,
Tout lou rebaladis intro en ribiero,
Lou gafarot, li carretié, li gnarro,
D'escambarloun o d'assetoun. — Arribo!
Fa tira lou Roubin! Toco lou Mouro!
Mantène lou Baiard, que noun s'ennègue!
Dia! dia! ruou! ruou! — E frenissènto e nisso,
En espóussant pièi si creniero flusso,
La caravano sort vitouriouso
E repren soun trantran long di levado.

XCVIII

Mai lou prince oulandés emé l'Angloro
Se soun rejoun sus barco e la jouvènto
l'a di: — Qu'es aquéu conte, Dra, qu'en ribo
Dóu Rose, l'autre jour, à la sournuro

du maréchal-ferrant qui les passe en revue,
les colliers sont remis et, fais tirer la maille !
— « O passeur ! y a-t-il des gouffres en Durance ? »
— « Par endroits. Avancez les bateaux... Baile,
tire couple par couple tes chevaux :
nous allons embarquer les premiers ; dans les creux
les autres les suivront... Tenez le gué !
Y est-on ? » — « Nous y sommes. » Dans le péril de l'eau
les grands chevaux s'ébrouant prennent pied.
Et pendant qu'en arrière le convoi
monte à long câble sur le Rhône,
au claquement des fouets, aux cris des hommes,
toute la ribambelle entre en rivière,
passeur, charretiers, valetaille,
assis ou enfourchés sur les chevaux. — « Arrive !
Fais tirer le Robin ! Touche le More !
Maintiens le Bayard, qu'il ne se noie pas !
Dia ! dia ! hue ! hue ! » Et frémissante, en nage,
puis secouant ses crinières trempées,
la caravane sort victorieuse
et reprend son chemin le long des digues.

XCVIII

Le prince hollandais avec l'Anglore
s'étant rejoints à bord, la jeune fille
lui a dit : — « Quel est donc, ô Drac, ce conte
que sur la rive, l'autre jour, dans la nuit,

T'aurien trouva pèr mort? — *Bello mignouno,*
Guihèn a respoundu, n'es pas un conte,
Que, treitamen, em'un saquet de sablo
M'an saqueta. — *Mai quau?* — *Un mantenèire*
D'aquéli tres dounzello venjativo
Qu'aurai, iéu, óublida pèr aventuro
De ié croumpa sa fiero. — *Li jalouso!*
Mai auriés pas degu, tu, lis enclaure?
S'enaucelant cridè l'Aramounenco.
Sabes dounc pas, moun bèu, que, tau qu'endorson
Em'uno couissinado pèr l'esquino,
Sènso que res ié vegue cop ni gouto,
N'en lèvo pas, mor de la macaduro? —
E risoulet Guihèn faguè: — *Meinado!*
Alor creses que pòu, lou Dra dóu Rose,
S'escoufi coume acò? — *L'escamandreto*
Restè lou regachant uno passado:
— *Es verai, diguè pièi; que siéu badino!*
Lou fadet, lou foulet, qu'es rèi de l'oundo,
Qu'es moun diéu e moun tout, qu'i lono bluio
Eternamen remueio sa jouvènço,
Coume es poussible, anen, que jamai cale
Davans la lèi dóu coumun, la mouruegno!
Noun, iéu te vese, Dra, coume dèu èstre
L'Esperit Fantasti dóu maje flùvi,
Inmourtau! E, quand toun regard me sono,
Me sèmblo que m'envau touto endourmido
Vers un soulas que rèn noun destrassouno.
Sabe pas ounte vau; mai se m'esperde,
De m'esperdre emé tu, que vos? m'agrado! —

on t'aurait trouvé mort ? » — « Belle mignonne,
a répondu Guilhem, mais ce n'est pas un conte,
car, traîtreusement, d'un sachet de sable
on m'a *saquetté*. » — « Qui donc ? » — « Un tenant
de ces trois donzelles vindicatives
auxquelles j'aurai oublié peut-être
d'acheter leur foire. » — « Les jalouses !
Mais n'aurais-tu pas dû, toi, les ensorceler ? »
en s'emportant cria l'Aramonaise.
« Et tu ne sais pas, mon beau, que celui
qu'on frappe dans le dos avec un coussinet,
sans que personne y voie goutte ni trace,
n'en guérit point, meurt de la meurtrissure ? »
Mais Guilhem fit en souriant : — « Enfant !
tu croirais donc qu'il peut, le Drac du Rhône,
être ainsi déconfit ? » La jeune espiègle
resta un moment à le regarder :
— « C'est vrai, dit-elle ensuite ; comme je suis nigaude !
Le génie, le follet qui est le roi de l'onde,
qui est mon dieu, mon tout, qui dans les lones bleues
perpétuellement retrempe sa jeunesse,
comment est-ce possible qu'il baisse pavillon
devant la loi du vulgaire, la mort !
Non, je te vois, mon Drac, tel que doit être
l'Esprit Fantastique du fleuve majeur,
immortel ! Et quand ton regard m'appelle,
il me semble aller, m'en aller dormante
vers un agrément que rien ne réveille.
Je ne sais où je vais : si je me perds,
de me perdre avec toi, eh bien ! cela me plaît. »

XCIX

Estendeguè lou bras, Guihèn d'Aurenjo,
Sus lou travès de l'aigo entre-batudo
E diguè : — Fiso-te de iéu, Angloro!
Pèr-ço-que libramen t'ai elegido,
Pèr-ço-que m'as adu ta fe prefoundo
I meraviho bello de la fablo,
Pèr-ço-que siés aquelo qu'inchaiènto
Se found dins soun amour coume la ciro
Au lume, pèr-ço-que vives en foro
De tóuti nòsti faisso e fardaduro,
Pèr-ço-que dins toun sang e toun sen mounde
Caup lou renouvelun di vièii sabo,
Iéu, sus ma fe de prince, t'aproumete
Que res autre que iéu, o flour de Rose,
Noun aura l'ur de faire ta culido
E coume flour d'amour e coume espouso!
— Mai quouro! lèu? clo diguè tout-d'uno. —
Guihèn respoundeguè : — Ma bello chato,
Aquésti jour te lou dirai... L'entèndes,
Aquéu mistrau que boufo? Es la musico
Majestouso qu'anóuncio nòsti noço!
Es lou Rousau, es lou cèu, es li broundo
Qu'ensemblamen nous canton lou prelùdi! —
E sèmpre mai lou vènt, de si rounflado,

XCIX

Guilhem d'Orange lors étendit le bras
sur le travers de l'eau mouvementée
et dit : — « Aie confiance en moi, Anglore!
Parce que librement je t'ai élue,
m'apportant ta foi, ta profonde foi
au merveilleux superbe de la fable,
parce que tu es celle qui, insoucieuse,
se fond dans son amour comme la cire
à la lumière, parce que tu vis
en dehors de nos liens et de nos fards,
parce que dans ton sang et ton sein pur
gît la rénovation des vieilles sèves,
moi, sur ma foi de prince, je te jure
que nul autre que moi, ô fleur de Rhône,
n'aura l'heur, le bonheur de te cueillir
et comme fleur d'amour et comme épouse! »
— « Mais quand? bientôt? » demanda-t-elle.
Guilhem répondit : — « Ma belle petite,
je te dirai cela ces jours-ci... Entends-tu
souffler le mistral? C'est la musique
majestueuse qui annonce nos noces!
C'est l'air du Rhône, le ciel, les frondaisons
qui de concert nous chantent le prélude! »
Le vent, de plus en plus, le vent de ses rafales

Recoutavo en efèt la tirassiero;
La mountesoun, toujour que mai peniblo,
Fasié tira li chivau — que li floto
De si creniero espeloufido en fùri
S'escarpissien coume de grand plumacho.
E s'amagant, lou soulèu, dins l'arquiero
De si long rai mourènt, à l'avalido
Trevalavo deja, quand lou Caburle
Emé tóuti si barco e sa feloupo
En ribo avignounenco prenguè tòti.

C

— Au trepadou! lou Caburle à l'empèri!
Li Coundriéulen! e fa tira la maio! —
A l'endavans ié crido l'enfantuegno.
En barcarés tout acò lando e quilo.
Li ribeirié si tourtouiero enrodon,
Li carretié si bèsti desatalon;
E, s'enfournant dins lou Pourtau de l'Oulo,
Pèr la couchado e pèr la repeissudo,
Encò dóu Mau-Uni, qu'acò 's soun oste,
Van is establarié. La marinaio
Pau à cha pau emplis la grand cousino.
Au torco-man qu'à la cadaulo pènjo,
S'estènt au pous lava li man, s'eissugon;
E sus li banc, l'esquino à la muraio,
Patin-patòu s'assèton en renguiero.

s'aheurtait en effet contre la flotte ;
et la montée, de plus en plus pénible,
faisait tirer les chevaux. Leurs crinières,
ébouriffées en furieuses touffes,
s'échevelaient comme de grands panaches.
Et le soleil, se retirant dans l'embrasure
de ses rayons mourants, à l'horizon
disparaissait déjà, quand le Caburle
avec toutes ses barques et tout son monde
en rive d'Avignon jeta l'amarre.

C

— « Au ponton ! au ponton ! le Caburle à l'empire !
les Condrillots ! et fais tirer la maille ! »
au-devant d'eux vont criant les enfants
qui vers le port accourent et glapissent.
Les riverains enroulent leurs cordages ;
les charretiers ont dételé leurs bêtes ;
et, s'engouffrant dans le Portail de l'Oule 4,
pour la couchée et le repas du soir,
ils gagnent le logis et les étables
du Mal-Uni leur hôte 5. La bande marinière
emplit peu à peu la grande cuisine.
S'étant lavé les mains au puits, à l'essuie-mains
suspendu au loquet tour à tour ils se torchent ;
et sur les bancs, le dos au mur,
ils vont s'asseoir bruyamment en rangée.

Emé li bras estroupa, li chambourdo,
Qu'entre li pessuga crèbon lou rire,
Gaiardamen sus li taulo carrejon.
Oh! de bon Diéu! li sartanado einormo
De sang de biòu, li tian de tripo grasso,
Lou catigot, li carbounado e chouio
E li troucho farcido emé de berlo,
S'engloutisson i buerbo pansarudo,
Enterin qu'à-de-rèng la damo-jano
Fasènt lou tour, cadun, li couide libre,
Se vuejo à plen de got. Descurbecellon
A la perfin un plataras de soupo
Au froumage — qu'un pastre, vous responde,
En ié palaficant soun bastoun dintre,
Noun l'aurié pas sauta. — N'en cantan uno?
Dis pièi subran lou baile d'equipage
En picant sus l'espalo dóu gros Tòni.
E lou mudaire, aguènt mouca soun vèire
E fa peta lou gargassoun : — Chaumiho,
A la voues! dis, anen, que fau d'ajudo!

CI

Eh! Diéu çai sié, la bello oustesso!
Nous veici quàuqui gai cadèu
Que tirassan pas la tristesso
En rejanant nòsti batèu.

Avec les bras retroussés, les servantes,
qui au moindre pinçon crèvent de rire,
gaillardement sur les tables charrient.
Oh! Dieu de Dieu! les fricassées énormes
de sang de bœuf, les platées de gras-double,
les matelotes, charbonnées et grillades,
et les berles farcies en omelettes,
s'engloutissent aux panses spacieuses,
pendant que, circulant la dame-jeanne
de main en main, chacun, les coudes libres,
se verse à verre plein. Pour finir, on découvre
une terrinée de soupe au fromage
qu'un berger, à coup sûr,
en y plantant son bâton au milieu,
n'aurait pu franchir. — « Nous en chantons une ? »
pour lors dit tout à coup le baile du halage
en tapant sur l'épaule au gros Toni.
Et le pilote, ayant mouché son verre
et fait claquer sa gorge : — « Allons, les gosses!
dit-il, et à la voix! qu'il faut de l'aide... »

CI

Dieu soit céans, la belle hôtesse!
Nous voici quelques bons lurons
Qui ne traînons pas la tristesse,
Tout en remorquant nos bateaux.

Un bon mudaire à la desciso
Tèn lou viage escarrabiha;
Mai pèr revèire Pèiro-Enciso
Fau teni lou fanau oulia.

Sourtès lis óulivo groussano
E bouiras-nous un bon saussoun :
S'avèn li braio de basano,
I'a ço que fau dins lou boursoun.

Dins la Prouvènço avèn fa piho
E rascla lou Revestidou
E sian carga coume d'abiho;
Mai l'aigo fièro porto tout.

Lou vin de la costo dóu Rose
Es proun uno bravo liquour,
A coundicioun que noun s'arrose
Emé l'eigasso dóu grand gourg.

Pèr abéura li tros de poupo
E pèr nous faire un pau canta,
Dins la gaveto de la soupo
Faudra n'en traire un agouta.

S'arribo pièi quauque escaufèstre
O se toucan un arenié,
La perdo sara pèr lou mèstre,
La peno pèr li marinié.

CHANT XI, LA REMONTE.

Un bon pilote à la descise
Tient le voyage gai, dispos ;
Mais pour revoir la Pierre-Encise[6],
Faut tenir le fanal huilé.

Sortez les olives charnues
Et brouillez un bon saupiquet :
Si nous avons les braies de cuir,
Y' a ce qu'il faut dans le gousset.

Nous avons raflé la Provence
Et raclé le Revestidou[7]
Et sommes chargés comme abeilles ;
Mais les eaux fières portent tout.

Le vin de la côte du Rhône
Est une assez brave liqueur,
Pourvu qu'on ne l'arrose point
Avec l'eau sale du grand gouffre.

Pour baigner les morceaux de viande
Et pour nous faire un peu chanter,
Dans la gamelle de la soupe
Il faut en jeter une écope.

Puis, s'il arrive quelque émoi
Ou si l'on touche un banc de sable,
La perte sera pour le maître,
La peine pour les mariniers.

CII

Mai enterin qu'à plen de man se pico,
Li porto-fais d'Avignoun, à la taulo
D'en fàci : — Es pas lou paire de l'Angloro,
Se vènon, aquéu gros que canto? — Foume!
Noun fau pas s'estouna s'a la canturlo :
Vesès pas que sa fiho a trouva mèstre? —
E vers la chato, insoulènt, an fa signe,
Qu'emé lou prince blound cacalejavo.
— Aquéli petachin, cridè Jan Rocho,
Dequé volon eila? — Gros tuerto-mouto,
E tu mai, dequé vos? — Coupa la tufo
Di pesoulin que nous copon la paio.
— Tu? noum de Diéu! bèn, vène eiça-deforo!
Un porto-fais cridè bravejant. Èro
Quequino lou luchaire : dins si lucho
L'aguènt un Liounés viéuta d'esquino,
I gènt dóu coustat d'aut pourtavo isagno.
— Vène deforo, eiça! piaiavo. — Bougre
De gus de plaço! espèci de pelòfi!
Replico !ou prouvié, poudès vous metre
Quatre emai sièis ensèn! — E lou coulosse,
Escambarlant li taulo, en uno buto
Avié sauta au mitan. Mai li rigaire
S'entravèsson d'un bound. Dins lou broulisse

CII

Pendant qu'on applaudit à pleines mains,
les portefaix d'Avignon, à la table
de face : — « N'est-ce pas le père de l'Anglore,
se disent-ils, ce gros qui chante ? » — « Peste !
rien d'étonnant qu'il ait la chanterelle :
sa fille a trouvé maître, voyez donc ? »
Et ils se désignaient, narquois, la jeune fille
en train de dégoiser avec le prince blond.
— « Ce tas de pleutres, que veulent-ils là-bas ? »
cria Jean Roche. — « Gros balourd !
et toi, que veux-tu donc ? » — « Rompre la gueule
à tous pouilleux qui nous rompent la paille. »
— « Toi ? nom de Dieu ! viens-t'en ici dehors ! »
cria un portefaix bravache, le fameux
lutteur Quéquine : dans ses tournées de luttes,
l'ayant un Lyonnais vautré à plat de dos,
aux gens du haut fleuve il gardait rancune.
Et il piaillait : — « Viens çà dehors ! » — « O bougre
de faquin ! espèce de mazette !
réplique le prouvier, vous pouvez bien vous mettre
et quatre et six ensemble ! » Et le colosse,
enjambant les tables, en une poussée
sautait au milieu. Mais les bateliers
s'interposent d'un bond. Dans la cohue,

Li banc destrantaia fan la co-lèvo,
De part e d'autro lis iue s'enferounon,
Lis injùri mourtalo s'entre-croson :
— O quièu-de-pèu! manjaire de cabriho!
— Assassinaire dóu marescau Bruno
Que dins lou Rose pièi lou trinassèron! —
Ai! ai! ai! li foutrau à mort van plòure,
Quand Mèste Apian : — Estas siau, crido, bogo!
Lou proumié que boulego, l'escabasse
D'un cop de poutarras... Taifo d'ibrougno,
Lou vesès pas que sias sadou? Que l'ispre
De la vinasso vous sort pèr li brego?
Eh! se voulias vous batre, avès li justo...
N'en manco, tout l'estièu, aqui sus Rose?
Au Pont Sant-Esperit, à Roco-Mauro...
Pièi ounte mai? A Givors, à Valènço...
La lanço au poung, la targo sus lou pitre,
En plen soulèu, is iue de tout un mounde,
l'a-ti rèn de plus digne e de mai noble
Qu'un bèu justaire nus, sus la quintaino,
Quand fai plega soun ome e lou cabusso?
Te rapelles, Jan Rocho, aquéu dimenche,
A Sant-Pèire de Biòu, pèr sant Maurise,
Quand faguères (pamens ères bèn jouine)
Faire au grand Miserin lou viro-passo?
— Me rapelle, patroun, diguè Jan Rocho.
— Aviés pas soulamen quita la vèsto!
— Es verai. — Lis enfant, à la jassino!
Se noun voulèn que la levado fugue,
Coume dis lou prouvèrbi, long dóu Rose. —

déséquilibrés, les bancs se soulèvent;
les yeux de part et d'autre deviennent furieux,
les injures mortelles s'entre-croisent:
— « Mangeurs de chèvres! culs de peau! »
— « Assassins du maréchal Brune,
qui le traînèrent dans le Rhône! »
Aïe! aïe! les horions terribles vont pleuvoir,
quand Maître Apian s'écrie : « Goujats, restez tranquilles!
Le premier qui remue, je lui casse la tête
d'un coup de cette cruche... Tas d'ivrognes,
vous ne voyez donc pas que, soûls, la violence
du vin méchant vous jaillit par la bouche?
Eh! si l'on veut se battre, on a les joutes...
En manque-t-il, tout l'été, sur le Rhône?
Au Pont Saint-Esprit et à Roque-Maure...
Où donc encore? A Givors, à Valence...
La lance au poing et la targe au poitrail,
en plein soleil, aux yeux de tout un peuple,
y a-t-il rien de plus digne ou plus noble
qu'un beau jouteur nu, debout sur l'arrière,
qui fait plier son homme et le déjuche?
Te le rappelles-tu, Jean Roche, ce dimanche,
à Saint-Pierre de Bœuf, le jour de Saint-Maurice,
où tu fis (tu étais bien jeune cependant!)
au grand Misérin faire la culbute? »
— « Je me rappelle, patron, » dit Jean Roche.
— « Tu n'avais pas daigné, même, quitter la veste! »
— « C'est vrai. » — « Les enfants, allons, à la couche!
si nous ne voulons pas que la levée, demain,
soit, comme on dit, le long du Rhône. »

E quatecant, à la voues auturouso
Dóu majourau prudènt que lis amaiso,
Li barcatié, davau souto si tèndo,
Lis egatié, damount dins si feniero,
Tóuti s'envan à Santo-Repausolo.

Et à la voix autoritaire
du prudent maître qui les calme,
les nautoniers, sous leurs tentes là-bas,
les charretiers, là-haut dans leurs fenils,
tous à l'instant vont prendre leur repos.

CANT DOUGEN

LA MAU-PARADO

CIII

E fa tira la maio! Entre parèisse
Lou lustre dòu soulèu, à la remounto
S'es tourna metre en draio lou Caburle,
Fendènt lou Rose emé sa pro taianto
E clafissènt lou ribeirés de vido
Emé lou brand, la pòusso e lou tafòri
De sa cavalarié. La mistralado
Rounflo toujour. Lis aubre, que saludon
En brounzissènt, se giblon, s'estrigousson
A mand de s'estrounca. Lou vènt enfreno
Lou Rose vengu lisc coume uno glaço.
Contre aigo e contro vènt li coublo forto,
Lou mourre de-clinoun, adaut caminon
De soun pas atusa. La carlamuso

CHANT DOUZIÈME

LA CATASTROPHE

CIII

Et fais tirer la maille ! Aussitôt que paraît
le lustre du soleil [1], à la remonte
s'est remis derechef en chemin le Caburle,
fendant le Rhône avec sa proue taillante
et remplissant de vie la vallée fluviale
avec le mouvement, la poussière et le bruit
de sa cavalerie. Le mistral en tempête
ronfle toujours. Les arbres, qui saluent
en mugissant, se courbent, se secouent
à arracher leurs troncs. Le vent refrène
le Rhône devenu poli comme une glace.
Contre eau et contre vent, les forts quadriges,
le museau incliné, cheminent vers le nord
de leur pas régulier. Harmonieuse

De l'auro fourmidablo, armouñiouso,
Fai chauriha d'estounamen li bèsti.
A si capèu, à si bounet de pano
Mandant la man, emé li brego torto
Li carretié despacienta prejiton
Au Maïstrau un revoulun d'insulto :
— Boufo, bregand de Coucho-mousco! Boufo,
Desbadarna de Diéu, que te crebèsses!
l'aura dounc jamai res, o Manjo-fango,
Que tapara lou trau de mounte sortes?
I, capounas! — E d'uno petadisso
De cop de fouit embraion si gimerre.

CIV

Au carcagnòu de la segoundo barco
Asseta tóuti dous, pichoto Angloro
A représ soun devis, bèn à la douço,
Emé soun Guihéumin : — Ai à te dire,
Guihèn fai à la bello, que nous-àutri,
Lis amourous divin, rèi de la terro
E soubeiran verai de la naturo,
Nous poudèn pas marida coume tóuti...
— E nous maridaren, diguè la nino,
Coume? — Rapello-te dins la memòri,
Respoundeguè l'imaginous d'Oulando,
Aquèu roucas taia, plen de mistèri,

cornemuse, la bise formidable
étonne et fait chauvir les oreilles des bêtes.
A leurs chapeaux, à leurs bonnets de panne
portant les mains et rechignant les lèvres,
les charretiers impatientés profèrent
contre le Maëstral un tourbillon d'insultes :
— « Souffle, brigand de Chasse-mouches ! Souffle,
ô débraillé de Dieu, à te crever !
Il n'y a donc personne, ô Mange-fange,
qui viendra boucher le trou d'où tu sors ?
Hue, grand coquin ! » Et d'un cliquetis
de coups de fouet ils cinglent leurs chevaux gigantesques.

CIV

Or sur l'arrière de la seconde barque,
tous deux assis, petite Anglore
a repris son devis, bien à la douce,
avec son Guilhemin : — « J'ai à te dire,
fait Guilhem à la belle, que nous autres,
les amoureux divins, rois de la terre
et souverains réels de la nature,
ne pouvons pas nous marier comme font tous... »
— « Et nous nous marierons, dit la fillette,
comment ? » — « Rappelle-toi dans la mémoire,
lui répondit le rêveur hollandais,
ce roc taillé, mystérieux,

Que ié sourgènto au pèd la font de Tourno.
— *Sabe, sabe, diguè. l'a 'no lambrusco*
Em'un falabreguié que s'enracinon
Tout à l'entour dóu ro 'mé 'no figuiero
E de mato de bouis... lé siéu estado.
— *Que i'as mai vist ?* — *Lou Soulèu e la Luno*
Que, grava pèr li Fado sus la roco,
Emé sis iue reguergue vous espinchon.
— *Que i'as mai vist ?* — *Un biòu emé si bano*
Qu'un escourpioun se lanço pèr lou pougne,
Enterin qu'un chinas vèn pèr lou mordre
E qu'un jouvènt pèr lou mata se drèisso.
— *Que i'as mai vist ?* — *Lou Dra que ié barrulo.* —
Guihèn d'Aurenjo uno bono passado
Se teisè. Dins soun amo pensativo
l'apareissié sus lou ribas dóu Rose
L'autar dóu diéu Mitra, la font de Tourno
Que n'en sourgis prefoundo e clarinello,
Em 'aquéli simbèu dóu vièi sacrige,
Espetaclous ensigne dóu Zoudiaque,
Qu'emplission d'esmougudo segrenouso
Lis adouraire dóu souleias blèuge
Mountant o descendènt antan lou flume
Pèr faire en devoucioun soun roumavage
Au diéu Mitra, « lou soulet invincible ».
E se disié : — *Soulèu de la Prouvènço,*
O diéu que ié coungreies lis angloro,
Que fas sourti d'en terro li cigalo,
Que dins mi veno marfo e palinouso
Reviéudes lou sang rouge de mi rèire,

au pied duquel bouillonne la fontaine de Tourne. »
— « Je sais, je sais, dit-elle : une vigne sauvage
et un micocoulier s'y enracinent
à l'entour du roc avec un figuier
et des touffes de buis. J'y suis allée. »
— « Qu'y as-tu vu encore ? » — « Le Soleil et la Lune
qui, gravés par les Fées sur le rocher,
avec leurs yeux hagards vous lorgnent. »
— « Qu'y as-tu vu encore ? » — « Un bœuf cornu
que menace un scorpion de sa piqûre,
pendant que va le mordre un chien méchant
et qu'un jeune homme pour le tuer se dresse. »
— « Qu'y as-tu vu encore? » — « Le Drac qui y serpente. »
Guilhem d'Orange un bon moment
se tut. Dans son âme pensive
lui apparaissaient, sur le bord du Rhône,
l'autel du dieu Mithra, la fontaine de Tourne
qui en surgit profonde et claire,
avec le symbolisme des vieilles religions,
ce Zodiaque aux prodigieux signes
qui emplissaient d'horreur sacrée
les adorateurs du grand soleil blanc,
lorsqu'ils montaient jadis ou descendaient le fleuve
pour faire en pèlerins leurs dévotions
au dieu Mithra, « le seul invincible[2] ».
Et il disait en lui : — « Soleil de la Provence,
ô dieu qui y fais naître les *anglores*[3],
qui fais sortir de terre les cigales,
qui dans mes veines morbides, apâlies,
de mes aïeux ravives le sang rouge,

Diéu roudanen que lou Dra dins si vòuto
Agouloupo, à Lioun, au Bourg, en Arle,
E que dóu negre tau dins lis Areno
Encaro vuei t'es fa lou sacrifice
Incounscièn̄t, diéu qu'escavartes l'oumbro
Galoi, qu'en uno ribo incouneigudo
Vuei es desert toun autar — e toun rite
Abandouna dins l'óublid, iéu barbare,
Iéu lou darriè bessai de ti cresèire,
Vole sus toun autar óufri, premiço
De ma felicita, ma niue de noço! —

CV

E s'adreissant siavet à la chatouno :
— Es aqui, ié diguè, mounte barrulo
Lou Dra dóu Rose, aqui mounte li Fado
Escriguèron li sort de la ribiero,
Que nous anan liga, pichoto Angloro.
E, souto lou regard pièi de la Luno
E de tout lou feran de la chauriho
Que nous van èstre pèr temouin e sousto,
Dins lou Grand-Gourg de la font, en brasseto
Nous aprefoundiren. — Elo, enmascado,
Respoundeguè : — Moun Dra, la flour de Rose
Noun aguè jamai pòu dis aigo bluio
Ounte lou cèu miraio sis Ensigne.

dieu rhodanien qu'étreignent les circonvolutions
du Drac, au Bourg, à Lyon et en Arles⁴
et à qui, aujourd'hui encore, dans les Arènes,
du noir taureau est fait le sacrifice
inconscient, dieu qui dissipes l'ombre
joyeux, et dont une rive inconnue
voit aujourd'hui l'autel déserté et le rite
abandonné dans l'oubli, moi barbare,
moi le dernier de tes croyants peut-être,
je veux sur ton autel offrir, prémices
de ma félicité, ma nuit de noces! »

CV

Et à la jeune fille s'adressant doucement,
il lui dit : — « C'est là même où tu vis serpenter
Le Drac du Rhône, et là même où les Fées
écrivirent les sorts de la rivière,
que nous allons, petite Anglore, nous lier.
Et sous le regard de la Lune
et de toutes les bêtes vagantes dans la nuit
que nous aurons pour témoins et tutelle,
dans le Grand-Gouffre de la source, embrassés,
nous nous engloutirons. » Ensorcelée, l'Anglore
lui répondit : — « Mon Drac, la fleur du Rhône
n'eut jamais peur des ondes bleues
où le ciel mire ses Insignes⁵.

Nadarai emé tu, iéu, de-counservo,
Coume lou pèis de primo, quand remounto
Lou ribeirés, au tèms de l'eissagage.
— O, nadaren ensèn dins l'aigo roso,
Guihèn apoundeguè, dins l'aigo puro,
L'as di, coume lou pèis de primavero
Que dins lou Rose vai, de riso en riso,
Au grouadou di font superiouro.
— Mai pèr nous benesi i'aura lou prèire?
Venguè subitamen la bono chato.
— Ah! i'a 'n bèu tèms qu'es mort, faguè lou prince,
Lou prèire de l'autar ounte t'aduse!
Mai pèr nous benesi, nous canta messo,
Auren-ti pas, de qu'as pòu? li tourtouro
Que si murmur d'amour jamai noun moron! —
Elo d'acò, verai, faguè 'n pau tristo;
E pièi, aguènt pensa, diguè : — Siéu bèsti!
Dóu signe de la crous que l'escounjuro
Se pòu-ti que lou Dra subigue dounde
L'óutrajouso vertu? Mai iéu menimo,
D'abord que me veirai souto lis arco
Dóu Pont Sant-Esperit, ounte figuro
Lou grand sant Micoulau dins sa capello,
Iéu ié demandarai que fague plòure,
Èu, sa benedicioun pèr li que nadon,
Que nadon à la bèu enfre lis oundo! —

Je nagerai avec toi, de conserve,
comme fait le poisson printanier — qui remonte,
au temps du frai, la vallée du fleuve. »
— « Oui, nous nagerons, Guilhem ajouta,
ensemble dans l'eau rose, ensemble dans l'eau pure,
tu l'as dit, comme fait le poisson du printemps
qui dans le Rhône va, de nappe en nappe,
jusqu'au frayoir des eaux supérieures! »
— « Mais pour nous y bénir y aura-t-il le prêtre? »
dit subitement la jeune ingénue.
— « Ah! il y a beau temps qu'il est mort, fit le prince,
le prêtre de l'autel où je t'amène!
Mais pour nous bénir et nous chanter messe,
n'aurons-nous pas, que crains-tu? les palombes
dont les roucoulements d'amour sont immortels! »
Elle n'en fut pas moins, de cela, un peu triste;
et puis, ayant pensé, elle dit : — « Suis-je bête!
Du signe de la croix qui le conjure
se peut-il que le Drac docilement subisse
l'outrageuse vertu? Mais moi, infime,
dès que je me verrai sous les arcades
du Pont Saint-Esprit où, dans sa chapelle,
le grand saint Nicolas figure,
je lui demanderai qu'il verse,
lui, sa bénédiction pour ceux qui nagent,
qui nagent en péril parmi les ondes! »

CVI

E fa tira! trasènt sa cridadisso
De gau e d'enavans, de despaciènci
O d'abandoun en Dieu, la barquejado
Se gandissié plan-plan e lou Caburle,
Requinquihant soun auto pro sus Rose,
Jitavo soun salut is àutri rigo
Qu'au fiéu de l'aigo descendien couchouso.
— Adessias! — Adessias! — Es l'equipage,
Acò, de Jan la Micho, de Serriero...
Tambèn a de bèu couble! — Lou vènt coto?
— Coume un gusas! — Es dounc tau qu'à la justo?
— Ai! paure! en quinge jour quatorge lègo,
Coume se dis. — Anen, à la coumpagno! —
E li batèu 'mé li bras que s'aubouron
Desparèisson avau à la desciso.
E de-countùni ansindo, li rescontre,
De liuen en liuen. — Es pas Toumè d'Andanço,
Aquéu que trajo amount? Carèu! que fuso!
Adessias! — Adessias!... A dos pinello,
Aquéu tros de pagèu, e dos sapino
Que n'i'en dèvon gagna : tout pèr soun comte
Dison que cargo. — Oh! ç', anen, de coucourdo!
Emai di Cuminau disien mirando
Emé soun Grand-Zidor : pièi tant pleguèron' —

CVI

Et fais tirer! en jetant sa crierie
de joie et de valeur, et d'impatience
ou d'abandon en Dieu, la batelée
s'avançait lentement; et le Caburle,
sa haute proue rengorgée sur le Rhône,
échangeait son salut avec les autres flottes
qui au fil de l'eau descendaient rapides.
— « A Dieu soyez ! » — « Adieu ! » — « C'est l'équipage,
n'est-ce pas? de Jean la Miche, de Serrières...
Il a de beaux chevaux ! » — « Le vent s'aheurte ? »
— « Comme un brigand ! » — « C'est donc comme à la joute ? »
— « Hélas ! en quinze jours quatorze lieues,
comme il se dit. » — « Allons, et à la compagnie ! »
Et les bateaux, avec les bras levés,
disparaissent là-bas à la descise.
Et après l'une l'autre les rencontres se suivent
de loin en loin. — « N'est-ce pas Thomas d'Andance
qui fend l'eau en amont? Voyez donc comme il sille ! »
— « A Dieu soyez ! » — « Adieu ! » — « Oui, il a deux penelles,
ce rustaud vivarais, et deux sapines
qui doivent lui en rendre : on dit qu'il charge
tout pour son compte. » — « Allons donc ! des citrouilles...
Et des Cuminal on disait merveille
avec leur *Grand-Zidore*[6]; ils ont plié quand même ! »

CVII

Desempièi quatre jour, souto la rodo
Ansin dóu grand soulèu e souto l'uscle
De l'èr dóu Ro, de l'auro que rabino,
A travès dis embroi de touto meno,
Dis agacin, di graveiroun, di gafo,
Peniblamen gaubejant sa manobro
E pèr ouro abracant sa miejo-lègo,
Avien li Counlriéulen prcs la remounto,
Quand, au cinquèime jour, en drecho visto,
Lou Pont Sant-Esperit sus l'estendudo
Espandiguè si vint-e-dos arcado.
E, proche di pourtau coume fuguèron,
Au prince lou patroun fasènt un signe:
— Vès! iè diguè, segnour, aquelo pielo
Que i'a 'no grosso mato d'espargoulo,
La vesès? Es d'aqui que, de coustumo,
Benesissien tóuti lis an lou Rose...
Ah! coume acò 'ro bèu! Emé li barco
Anavian querre en terro, eila, lou prèire
Que, pourtant lou Bon-Diéu, entre li ribo
Dóu flumenas, venié, dre sus la poupo,
Aussa lou sant soulèu davans lou pople
Curbènt dóu pont amount li parabando...
Tout acò se fai plus e noun coumprene,

CVII

Depuis quatre jours, ainsi, sous la roue
du grand soleil et sous le hâle
de l'air du Rhône et du vent qui havit,
au travers des obstacles de tout genre,
des bancs de gravier, des récifs, des gués,
péniblement dirigeant leur manœuvre
et abattant leur demi-lieue par heure,
les Condrillots avaient pris la remonte,
quand, au cinquième jour, en droite vue,
les vingt-deux arches du Pont Saint-Esprit
se déployèrent sur le ciel.
Et, arrivés près des arcades,
au prince le patron faisant un signe
lui dit : — « Seigneur, vous voyez cette pile
qui porte une touffe de pariétaire ?...
C'est de là qu'à l'accoutumée
on bénissait le Rhône tous les ans...
Ah ! comme c'était beau ! Avec les barques
nous allions à terre, là, quérir le prêtre
qui, portant le Bon Dieu, entre les rives
du fleuve immense, debout sur la poupe,
haussait le « saint soleil » devant le peuple
couvrant là-haut les parapets du pont...
Tout ça ne se fait plus et je ne comprends pas,

Iéu, coume vai qu'ansin vuei tout derruno...
— Ah! n'en veirés bèn d'autro! aqui l'Angloro
Cridè au patroun, sabès? lou mounde viro...
Vous l'ai pas di que sus lou ranc de Tourno
De gròssi treboulino èron marcado?
— Tu! ragagnous la remouquè lou mèstre,
Au Malatra t'entourne qu'au t'a ducho!
Que rèn que soun aflat, d'aquel escòrpi,
Farié passa pèr iue uno barcado
De crucifis... Amaino! —

CVIII

Sus la dougo,
Au crid d'arrestamen que d'ome en ome
Fai restounti l'arcado mariniero,
An pres tòti subran pèr la dinado.
Li chivalas relènt, leva de tiro,
S'arrapon i bourrenco de pasturo.
Li marinié, d'avau sus la pinello,
Li carretié, d'amount sus la levado,
Quichant soun arencado o soun anchoio,
Mastegon plan e barjon : i Banc Rouge
Lou pas es proun catiéu; mai à Dounzero,
Em'aquéli roucas, aquelo cluso
Ounte lou Rose enferouna s'abrivo
Coume un brau de palun, vai i'avé d'obro!

moi, d'où vient qu'aujourd'hui comme ça tout s'éboule... »
— « Vous en verrez bien d'autres ! lors lui cria l'Anglore.
Ah ! vous savez ? Le monde vire...
Ne vous l'ai-je pas dit que, sur le roc de Tourne,
de gros remue-ménage étaient marqués ? »
— « Toi ! d'une voix bourrue la rembarra le maître,
T'emmène au Malatra qui t'y a prise !
Son approche elle seule, à cette masque-là,
ferait sombrer une barquée
de crucifix... Arrête ! »

CVIII

Sur la berge,
au cri de halte qui, transmis d'homme à homme,
fait retentir l'arcade marinière,
ils ont pour la dînée jeté l'amarre.
Les grands chevaux fumants, aussitôt dételés,
mangent aux trousses de fourrage.
Les mariniers, là-bas sur la penelle,
les charretiers, là-haut sur la chaussée,
écrasant sur leur pain leur hareng, leur anchois,
remâchent lentement et causent : des Bancs Rouges
le pas est difficile ; et à Donzère,
avec ces rochers, avec cette *cluse*
où le Rhône en fureur se précipite
comme un taureau sauvage, il y aura du mal !

Un pau plus aut, faudra pièi que trevalon,
Emé tout soun trahin e màli peno,
De l'autro man... Enfin, que sièr que gouïsson!
Lioun es liuen, mai quau a tèms a vido.
E 'm' acò, zóu! Li gràci estènt rendudo
E d'un cop, emé brut, aguènt lou baile
Rebarra soun coutèu mancha de corno,
E li coulas remés e toui li ferre
Dóu manescau ferrant passa 'n revisto:
— Fa tira davans! dau! — E s'escourpouiro
Contro auro tourna-mai emai contro aigo
La grand cavalarié. Revertigueto,
L'Angloro sus lou tèume dóu Caburle
Béu lou vènt frescoulet que descagnoto
Soun péu e rènd boudenflo sa mantiho.
— Au Malatra, dins pas belèu miechouro,
Elo ié vèn au princihoun d'Aurenjo,
Saren gandi. Que joio pèr ma maire,
Pèr mi fraire pichoun e pèr mi sorre!
Dins moun cabas pèr chascun e chascuno
Iéu porte aqui sa fiero: pèr Alèssi
Un tambour de Bèu-Caire; pèr Gatouno
Un lot de terraieto; pèr Bregido
Uno titèi d'un sòu; uno barqueto
Emé tout soun armun pèr lou bèu Jòrgi
E... pèr ma maire un massapan de dàti!
— E i'aura rèn pèr iéu? faguè lou prince.
— Pèr tu, moun Dra, i'a tout ço qu'es au lustre
Dóu sant soulèu e tout ço qu'es dins l'oumbro:
N'as que de coumanda, siéu ta servènto. —

Un peu plus haut, il faudra qu'ils transbordent,
avec tout leur train et de grandes peines,
de l'autre côté... Mais à quoi bon geindre!
Lyon est loin — et qui a temps a vie.
Et en avant! Les grâces étant dites,
et bruyamment le baile ayant d'un coup
refermé son couteau sur son manche de corne,
et les colliers remis et tous les fers
passés à la revue du maréchal-ferrant:
— « Fais tirer devant! hue! » Et se déhanche
derechef contre vent et contre-mont
la grand'cavalerie. Alerte et gaie,
l'Anglore sur la tille du Caburle
boit le vent frais qui ébouriffe
sa chevelure et gonfle sa petite mante.
— « Au Malatra, dans moins de demi-heure,
dit-elle au princillon d'Orange,
nous serons arrivés. Quelle joie pour ma mère,
pour mes frères petiots et pour mes sœurs!
Dans mon cabas, pour chacun et chacune,
j'apporte leur foire : pour Alexis
un tambour de Beaucaire; pour Gathone
des poteries menues; pour Brigitte
une poupée d'un sou; une barquette
avec tous ses agrès pour le beau Georges;
et... pour ma mère une boîte de dattes! »
— « Et, fit le prince, rien pour moi? »
— « Pour toi, mon Drac, tout ce qui est au lustre
du saint soleil, tout ce qui est à l'ombre,
demande-le-moi : je suis ta servante. » —

E i'estregnènt li det : — Adounc, mignoto,
Guihèn diguè, t'espère à la vesprado,
Vers miejo-niue, sus lou bord de toun isclo
E, coume dis la cansoun amourouso :

    Sus moun batèu que lando
    Nous raubaren au fres,
    Car siéu prince d'Oulando
    E noun ai pòu de res. —

CIX

Ai! bèu jouvènt, eterno simbeliero!
Lou vènt avié cala. Dins l'amplitudo
E dins l'amudimen dóu vaste Rose,
Lis ome entre-dourmi, la caravano
Au souleias d'estiéu mountavo lènto,
Emé, de liuen en liuen, quauco iserouno
Voulastrejant sus lou travès dóu flùvi.
Tout-en-un-cop, dins la liunchour de l'orso,
Vai s'entèndre un vounvoun. A l'avalido
Pièi s'esperdié, pièi mai revounvounavo,
Coume lou batarèu d'un moulin brounde
Que sarié descendu pèr la ribiero.
Pièi èro un toussihoun à l'escoundudo
Qu'aumentavo toujour, uno toussido
Coume aquelo d'un brau o d'un coulobre

Et, lui pressant les doigts, Guilhem lui dit :
— « Je t'attends donc, mignonne, à la soirée,
vers le minuit, sur le bord de ton île,
et, comme dit la chanson amoureuse :

> *Sur mon bateau qui file,*
> *Viens, je t'enlève au frais,*
> *Car, prince de Hollande,*
> *Je n'ai peur de personne.* »

CIX

Ah! belle jeunesse, éternel appeau!
Le vent avait cessé. Dans l'amplitude
et le silence du vaste Rhône
les hommes somnolant, la caravane
sous le soleil d'été remontait lentement,
avec, de loin en loin, quelque mouette
qui voletait sur le travers du fleuve.
Soudain s'élève, dans le lointain du nord,
un sourd bourdonnement. A l'horizon
il se perdait, puis bourdonnait encore,
comme le claquet d'un moulin farouche
qui serait descendu par la rivière.
Puis c'était une toux absconse
qui augmentait toujours, toux saccadée,
comme on eût dit d'un taureau, d'un dragon

Seguènt li virouioun de l'archipèlo.
Pièi un esbrand subit l'aguè dins l'oundo
Que faguè ressauta tóuti li barco,
Enterin qu'eilamount un flo de tubo
Ennegrissié lou cèu : e tras li pibo
Apareiguè subran, fendènt lou Rose,
Un long batèu à fiò. Se rebrassèron
Tóuti li marinié, gueirant lou moustre.
En poupo Mèste Apian, devengu pale,
Arregardavo mè la nau magico,
La nau qu'arpatejavo emé si rodo
E remouvié d'oundado espetaclouso
E fourmidablamen ié venié subre.

CX

— Arrasso! ié cridè lou capitàni,
E tóuti dóu batèu ié fasien signe
De se gara davans. Mai tau qu'un roure,
Imbrandable à la barro, lou vièi mèstre
Respoundeguè : — Mandrin! que lou Caburle
S'escarte davans tu? Lou Rose es nostre...
E fa tira la maio, milo-diéune! —
Mai lou patroun n'avié pas claus la bouco,
Ié lampant au coustat, lou Croucoudile
(Èro lou noum de la vapour) arrapo
Em'un de sis alibre la pinello,

suivant de l'archipel les sinuosités.
Puis un ébranlement subit remua l'onde,
faisant sursauter la batellerie,
pendant qu'en amont un flot de fumée
obscurcissait le ciel : et derrière les arbres
apparut tout d'un coup, fendant le Rhône,
un long bateau à feu. Tout l'équipage
redressa les bras, à l'aspect du monstre.
En poupe, Maître Apian, devenu pâle,
regardait muet la barque magique,
la barque dont les roues battaient comme des griffes,
et qui soulevait des vagues énormes
et formidablement fondait sur lui.

CX

— « Range-toi! » lui cria le capitaine,
et tous ceux du bateau lui faisaient signe
de se garer devant. Mais tel qu'un rouvre,
inébranlable au timon, le vieux maître
lui répondit : — « Mandrin 7 ! que le Caburle
s'écarte devant toi? Le Rhône est nôtre...
Et fais tirer la maille, mille dieux! »
Mais le patron n'avait pas clos la bouche,
filant comme l'éclair, le Crocodile
(c'était le nom du vapeur) a saisi,
par une de ses aubes, la penelle.

L'entiro dins soun vanc e, coume un dogue
De ço que tèn se bat li brego, à bóudre
Gangasso lou trahin, emé si gumo
S'entrepacho rabious dintre li barco
Ounte se fai draiòu, en tirassiero
Rebalant après éu touto la rigo.
O malurous! li chivalas recuelon,
Empourta pèr la maio, dins lou Rose,
Emé li carretié que s'esbramasson,
Despoutenta pèr l'aigo furiboundo.

CXI

Mai éu, Patroun Apian, quand vèi perdudo
Sa grand cavalarié, si nau, sa vido,
Èu dre sous lou Caburle que davalo
Desempara, courrènt la bello eisservo,
Èu, dessena de founs, li veno morto,
En badant la vapour que, pouderouso,
Escarpissènt dous revoulun d'escumo
E iitant dins lis èr sa tubassino,
Trajavo eila-davans : — Ah! manjo-paure!
Ié cridè coume eiçò, moustre sus terro
Que lou diable a raca pèr nous destruire,
Lingoumbau de judiéu, enfant de broumo,
Fugues maudi! maudi! maudi! Que moron,
Aquéli que te servon, dins la braso

Dans son élan il l'entraîne et, pareil
au dogue qui secoue sa proie, tout pêle-mêle
il secoue le convoi; avec les câbles
il s'empêtre rageur parmi les barques
où il s'ouvre une voie, dans son sillage
traînant après lui toute la flottille.
O malheureux! les grands chevaux reculent,
emportés par la maille, dans le Rhône,
avec les charretiers poussant des cris
et démontés devant l'eau furibonde.

CXI[i]

Mais Patron Apian, lorsqu'il voit perdus
tous ses grands chevaux, sa flotte, sa vie,
lui, droit sur le Caburle qui dévale
désemparé, courant à la dérive,
lui, hors de sens et les veines exsangues,
lorsqu'il voit, ébahi, le vapeur qui, puissant,
en écharpant deux tourbillons d'écume
et jetant dans les airs sa nue fuligineuse,
sillait déjà devant : — « Ah! mange-peuple!
lui cria-t-il ainsi, monstre que sur la terre
le démon a vomi pour notre destruction,
lombard de juif, fils de crachat,
sois maudit! sois maudit! sois maudit! Et qu'ils meurent,
ceux qui te servent, dans la braise

E lou reboulimen e li suplice
De l'infernas negras ounte t'empures!
Crapo de fum! nous-àutri, la ribiero,
l'a de milo an que la tenian dessouto...
Mai tu, d'abord que vuei tout se desbrando,
Rapello-te, souiras, que deja drogo
Lou chivau-frus que dèu creba toun vèntre :
Tau as fau, tau t'espèro! — E lou Caburle,
Tòuti si barco après à la trahino
E tout soun cavalun dins la bourdouiro
Gafant o negadis, au brand dis oundo
Regoulavo à la bèu. — Coupas li cordo,
Malan de Diéu, que li chivau s'ennègon!
Bramè lou veiturin en fasènt buto
Pèr aterra vo s'engrava sus ribo.
Car deja vèi lou Pont qu'espaventable
Pereilavau s'enisso pèr tout roumpre.
Mai lou courrènt que subre-fort envòuto
E sisselando e sapino e pinello,
Davans-darrié li rounso, li secuto
Coume un rai de moutoun que s'encamino
Au tuadou. Desvaria, lis ome,
Pèr engouli, se podon, uno arcado,
Lou prouvié, lou mudaire, sus l'empento
S'esperforçon. En van! L'Angloro mudo,
Lis iue cluca, n'es plus d'aqueste mounde :
Estrechamen rambado i bras dóu prince
Que tèn d'à ment sus pro la mau-parado,
E fisançouso en plen de soun dous crèire,
Au paradis ié sèmblo que s'envolo.

et le bouillonnement et les supplices
du noir enfer où s'attise ton feu!
Ah! crasse de fumée! nous, sous nous autres,
depuis des milliers d'ans nous tenions la rivière...
Mais toi, puisque aujourd'hui tout croule,
souviens-toi, sale bête, que déjà te talonne
le cheval-fée qui doit crever ton ventre :
tel tu fis, tel t'attend! » Et le Caburle,
ayant toutes ses barques après en traînerie
et tous ses chevaux en cette mêlée
guéant ou sombrant, au choc de la houle
roulait au péril. — « Coupez les cordages,
malheur de Dieu! les chevaux qui se noient! »
brama le voiturin en faisant force
pour atterrir ou pour s'engraver sur la rive;
car déjà devant lui, épouvantable,
le Pont là-bas se dresse pour tout rompre.
Mais le courant insurmontable entoure
sisselandes, sapines et penelles,
et sens devant derrière il les rue, il les chasse
comme un troupeau de moutons qui chemine
à l'abattoir. Éperdus, les nochers,
le prouvier, le pilote, pour embouquer, s'ils peuvent,
quelque arcade, font sur le gouvernail
des efforts surhumains. Mais vainement! L'Anglore,
muette, l'œil clos, n'est plus de ce monde :
étroitement serrée aux bras du prince
qui du haut de la proue guette la catastrophe,
et confiante en plein dans sa croyance douce,
il lui semble prendre l'essor dans le ciel.

CXII

Mounto un grand crid... Ai! paure! dóu Caburle
Un remoulin esfraious agouloupo
Dins soun revòu la barco : un tuert terrible
Brounzis contro lou Pont e tout s'esclapo.
Guihèn, dóu contro-cop, dintre lis erso
Es bandi, dins si bras aguènt l'Angloro.
E nado, bacelu di tros de fusto,
E nado, la tenènt à cimo d'aigo,
E nado tant que pòu. Mai lou subroundo
A la perfin la suberno enmalido,
E desparèis. Sus l'autre bord dóu Rose
D'ageinouioun alin plouron li femo,
Cridant e pregant Diéu. De la peirado
Ounte éu s'èro gandi, la barco routo,
Sauvant lou pichot chat de l'equipage,
Lou bon Jan Rocho tourna-mai cabusso.
E vague de nada, cercant lou prince,
E vague de souta, cercant l'Angloro.
Mai de-bado! Lou flume, quau saup mounte?
Lis avié tóuti dous mena pèr sèmpre.

CXII

Un grand cri monte... Aïe! malheur! du Caburle
un tourbillon effrayant enveloppe
la barque en son remous : un heurt terrible
tonne contre le Pont et tout se brise.
Guilhem, du contre-coup, au sein des vagues
est projeté, ayant l'Anglore dans ses bras.
Et il nage, battu par les tronçons de poutre,
et il nage, tenant à fleur d'eau son amie,
et tant qu'il peut il nage. Mais les flots irrités
le submergent enfin et sous la houle
il disparait. Sur l'autre bord du Rhône
agenouillées, là-bas, pleurent les femmes,
criant et priant Dieu. De la chaussée,
où il s'était rendu après le bris des barques,
sauvant le petit mousse de l'équipe,
le bon Jean Roche à l'eau se jette encore.
Et de nager, cherchant le prince;
et de plonger, cherchant l'Anglore.
Mais vainement! Le fleuve, qui sait où?
les avait tous les deux emmenés pour toujours.

CXIII

Sus lou limpun dóu bord ounte s'eidracon
Li naufragié, — la caro ensaunousido,
Jasié lou gros pilot, cubert de grumo;
Li barcatié, planta dins la papolo,
Li carretié, rouigant sis escoumenge,
Èron aqui doulènt, la tèsto souto,
A recata pèr sòu quàuqui rabasto.
Agamouti, picant dóu pèd la terro,
Lou vièi patroun gençavo : — Acò 's pas juste!
Moun bèu cabau! tant uno bello rigo!
Tout acò derouï pèr lou mal-astre! —
Pièi demandè : — Quau manco? iè sian tóuti,
Li gènt de l'equipage? — Se coumtèron
E « iè sian tóuti » fuguè la responso.
Mèste Apian diguè mai : — He! las de nautre!
Quand li malur an d'èstre, fau que fugon!
Emai poudian bèn tóuti nous afoundre...
Nous a, sant Micoulau, sauva la vido :
Iè faren à Coundriéu dire une messo.
— Iè mancara, fuguè Jóusè Ribòri
Plan au prouvié, qu'aquelo pauro chato
Em'aquéu brave prince... — Ah! bouto, prince...
Jan Rocho repliquè, sus lou Caburle
Aviéu proun remarca si menganello...

CXIII

Sur le limon du bord où se ressuient
les naufragés, — la face toute en sang,
couvert, souillé d'écume, gisait le gros pilote;
les bateliers, enlizés dans la vase,
les charretiers, étouffant leurs jurons,
étaient là, affligés, la tête basse,
à recueillir en tas quelques épaves.
Affaissé sur son corps, frappant du pied la terre,
le vieux patron geignait : — « Ça n'est pas juste!
Mon beau cheptel! Une si belle flotte!
Tout cela démoli par le désastre! »
Ensuite il demanda : — « Qui manque? Y sommes-nous,
tous ceux de l'équipage? » Ils se comptèrent
et « nous y sommes tous » fut la réponse.
Maître Apian dit encore : — « Hélas de nous!
Quand le sort est écrit, les malheurs s'accomplissent!
Et nous pouvions bien tous nous engloutir...
Saint Nicolas nous a sauvé la vie :
nous lui ferons dire, à Condrieu, une messe. »
— « Il n'y manquera donc, fit José Ribory
à mi-voix au prouvier, que cette pauvre fille
et ce bon petit prince... » — « Ah! va, bon petit prince...
Jean Roche répliqua, sur le Caburle
j'avais depuis longtemps observé ses menées...

Quau noun t'a di qu'es pas lou Dra dóu Rose
E qu'éu, assabenta dóu grand naufrage,
Noun nous ague segui, de mudo en mudo,
Pèr empourta l'Angloro dins si toumple? —

CXIV

E Mèste Apian clauguè, brandant la tèsto:
— Es messagié l'esperit! Quand li barco
Davans lou Malatra fasien desciso,
Iéu lou sentiéu, qu'aquelo malurouso
(Car dèu avé, jitado à la ribiero,
Fa puto-fin) èro pèr nous adurre,
A tèms o tard, quauque marrit rescontre.
Ai! mi sèt barco! Ai! mi chivau de viage!
Dire que tout acò s'envai au foudre!
Es la fin dóu mestié... Pàuri coulègo,
Poudès bèn dire: Adièu la bello vido!
A creba, vuei, pèr tóuti, lou grand Rose. —
E m'acò, de l'espalo à la centuro
S'estènt envertouia li tourtouiero
E li restant d'arnés que ié soubravon,
D'à pèd sus lou dougan touto la chourmo
Remountè vers Coundriéu, sènso mai dire.

Et qui t'a dit que ce n'est pas le Drac du Rhône
qui, par avance, instruit du grand naufrage,
nous aura, lui, suivis de trajet en trajet,
pour emporter l'Anglore dans ses gouffres? »

CXIV

Et Maître Apian conclut, hochant la tête :
— « L'esprit est messager ! Lorsque les barques
devant le Malatra faisaient descise,
ah ! je le pressentais, que cette malheureuse
(car elle doit avoir, jetée à la rivière,
fait triste fin) devait tôt ou tard
amener sur nous quelque malencontre.
Ah ! mes sept barques ! mes beaux chevaux haleurs !
Dire que tout cela est foudroyé, en ruine !
C'est la fin du métier... Pauvres collègues,
oui, vous pouvez bien dire : Adieu la belle vie !
Il a crevé pour tous, aujourd'hui, le grand Rhône. »
Et alors, de l'épaule au tour de la ceinture
ayant enroulé sur leur corps les câbles
et les restants d'agrès qu'ils avaient recueillis,
à pied toute la troupe, en suivant le rivage,
remonta vers Condrieu, sans autre plainte.

NOTES

CHANT PREMIER

Note 1. — Les mariniers du Rhône se servent du mot *empèri* (empire) pour désigner la rive gauche, et du mot *reiaume* (royaume) pour désigner la rive droite.

N. 2. — La *maille*, nom du câble de halage, dans l'ancienne batellerie.

N. 3. — Le *Vent Terral*, le mistral.

N. 4. — *Reinage*, royauté, dignité de roi ou chef d'une fête.

N. 5. — *Caillette*, espèce de mets.

N. 6. — *Pogne*, espèce de brioche.

N. 7. — *Rigotte*, petit fromage de lait de chèvre.

N. 8. — Nom propre d'une barque, qui dut être célèbre dans le temps à Condrieu, puisqu'il en est question dans une chanson populaire :

> Voilà le Caburle à la touche,
> le conducteur bien étonné :
> fallut porter la maille en terre
> et un allège aller chercher.

N. 9. — *Baile*, chef des charretiers.

N. 10. — La *descise*, la descente du fleuve, en terme de marinier.

N. 11. — *Prouvier*, homme de proue, second d'une barque.

N. 12. — *Mouille*, lieu où l'eau est tranquille, où les bateaux peuvent mouiller.

N. 13. — *Maigre*, haut-fond, gravier à fleur d'eau.

N. 14. — *Pan*, empan, palme, mesure d'une main ouverte.

N. 15. — Pierre-Bénite, rocher des bords du Rhône, au-dessous de Lyon.

N. 16. — *Lone*, bras de rivière, flaque d'eau qui occupe un ancien lit du Rhône.

N. 17. — *Brotteau*, oseraie, à Lyon.

N. 18. — *Mudo*, traite de navigation, proprement « mue », c'est-à-dire intervalle pendant lequel on prend un pilote de rechange — appelé *mudaire*. Le Rhône, pour les bateliers, est divisé en *mudo*.

CHANT DEUXIÈME

Note 1. — Maëstral ou mistral, que familièrement on nomme *Mange-fange*.

N. 2. — *Zwanenblœm* en néerlandais, butome en ombelle.

N. 3. — Les princes d'Orange portaient dans leurs armes un cornet, par allusion à Guillaume au Court Nez *(Guilhem del Cort Nas)*, fondateur de leur maison.

N. 4. — Nom d'un coteau qui domine Vienne.

N. 5. — Nom du port de Condrieu.

N. 6. — *Trèves*, farfadets, lutins. Voir *Mireille*, chant V.

N. 7. — *Oulurgues*, êtres fantastiques dont il sera question au chant VII du poème.

N. 8. — *Argence*, le territoire de Beaucaire et des localités voisines.

N. 9. — La couple des attelages était de quatre chevaux, dans la batellerie du Rhône.

CHANT TROISIÈME

Note 1. — *Maille*, câble de traction.

N. 2. — *Bagalance*, nom d'une des piles du Pont Saint-Esprit.

N. 3. — Les Saintes-Maries de la Mer, à l'embouchure du Rhône.

N. 4. — Les Cornes de Crussol, nom que portent les ruines du château de ce nom, vis-à-vis de Valence.
N. 5. — On faisait bouillir des aiguilles dans l'huile, pour rompre un charme.
N. 6. — Eau fière, en provençal, signifie eau élevée, qui coule à pleins bords.
N. 7. — *Rigue*, le train ou convoi des barques remorquées à la file par le même câble. *Recua*, en espagnol, signifie « suite de mules attachées l'une à l'autre par la queue ».
N. 8. — *Lou brande de l'Eirelo*, nom d'une ronde qui se danse aux bords du Rhône.

CHANT QUATRIÈME

Note 1. — Le *vent lombard*, vent d'est, en Dauphiné.
N. 2. — Magasins où les Marseillais serraient leurs marchandises dans le Levant.
N. 3. — Nom que porte l'ancienne voie Domitienne dans l'Hérault.
N. 4. — Ancienne route qui allait de Nîmes à Gergovie.
N. 5. — Le coquâtre *(lou gau-galin)*, le gouvernement de 1830.
N. 6. — La Galéjonière *(la béronnière)*, marais des environs d'Arles où se réfugiaient les conscrits réfractaires.
N. 7. — Sobriquets que les royalistes donnaient à l'empereur en 1814 : le *châtaignier*, par allusion aux châtaigneraies de la Corse; le *tondu*, parce que Bonaparte s'était fait tondre après la bataille de Marengo.
N. 8. — *Lone*, ancien bras du Rhône, parage où l'eau est calme.
N. 9. — *Aube*, peuplier blanc.
N. 10. — Ségonaux, *segounau*, terrains qui longent le Rhône, entre le fleuve et ses digues.
N. 11. — Rousserole, *motacilla arundinacea*, espèce de fauvette.

CHANT CINQUIÈME

Note 1. — *Cluse*, passage resserré par des rocs escarpés, défilé.
N. 2. — Rochers à forme humaine qu'on voyait autrefois près de Châteauneuf-du-Rhône et que le chemin de fer a détruits depuis lors.

N. 3. — Le pilote de rechange, qu'on appelle *mudaire* sur le Rhône.

N. 4. — *Sisselandes*, grands bateaux plats, carrés d'un bout, tirant probablement leur nom de Seyssel, port du haut Rhône.

N. 5. — Descente, en style de marinier.

N. 6. — *Angloro*, un des noms du lézard gris *(lacerta agilis)*, sur la rive droite du Rhône.

N. 7. — Cévennols, montagnards des Cévennes, dont *Raycou* est le sobriquet.

N. 8. — Fier, dont les eaux sont hautes.

N. 9. — *Barrau*, ancienne mesure de 30, 40 ou 50 litres, selon les pays.

N. 10. — *Savoyarde*, grande barque du Rhône.

N. 11. — Le mirage.

CHANT SIXIÈME

Note 1. — Gervais de Tilbury, qui écrivait à Arles vers 1250, a conté l'histoire du Drac et de la femme de Beaucaire, dans ses *Otia imperialia*. Les lavandières du Rhône, aux Saintes-Maries de la Mer, se servent encore de battoirs sculptés qui portent par tradition un Drac en forme de lézard.

N. 2. — Délaissée *(semo)*, sable qu'une rivière dépose sur ses bords.

N. 3. — Peuplier blanc, *populus alba*.

N. 4. — Jonchée *(loumo)*, fromage frais qu'on fait égoutter sur du jonc et qu'on retourne de temps en temps, d'où la locution : *vira coume uno loumo*.

CHANT SEPTIÈME

Note 1. — Les cinq doigts, la main.

N. 2. — Jurement populaire.

N. 3. — *Franc valentin*, pensée intime. *Valentin*, autrefois, se disait pour « soupirant » dans plusieurs provinces de France.

N. 4. — Les revers du mont Ventour, le versant nord.

N. 5. — Les castors du Rhône.

N. 6. — Voir, sur la légende du pont du Gard, le prologue du poème de *Nerto* (Hachette, 1884).

N. 7. — *Païs alegri*, pays égayé; se disait, en Provence, d'un lieu hanté par les sorciers.

N. 8. — On dit en proverbe : *gènt de marino, gènt de rapino*.

N. 9. — *Li Saute-barri* (les Saute-remparts), sobriquet des gens de Mornas.

N. 10. — La fontaine de Tourne, au Bourg-Saint-Andéol, sourd au pied d'un bas-relief consacré au dieu Mithra.

N. 11. — *Rouan*, bœuf ou taureau en pleine force; au figuré, vague qui se précipite. Le provençal *biòu* signifie aussi « bœuf » et « masse d'eau qui se précipite ». *Rouan*, ce parallélisme l'indique, dérive donc du latin *Rhodanus*, Rhône.

CHANT HUITIÈME

Note 1. — *Esparganèu*, jonc fleuri, *butomus umbellatus*.
N. 2. — Croyance populaire de la haute Provence.
N. 3. — *Lou Cièri*, nom vulgaire du théâtre antique d'Orange.
N. 4. — *Crèbo-cor*, éminence qui domine la ville d'Orange.
N. 5. — Noms de rues d'Avignon.

CHANT NEUVIÈME

Note 1. — Grenettes ou graine d'Avignon, stil de grain.
N 2. — *Pagello*, perche de saule qui sert de sonde. Les mariniers du haut Rhône disent *pelle*, par contraction.
N. 3. — *Roudadou*, ancien lit du Rhône.
N. 4. — *Verganière*, ouvrière qui coupe les brins d'osier *(vergan)*.

CHANT DIXIÈME

Note 1. — *Labut*, tartane, caboteur.
N. 2. — L'Océan.
N. 3. — *Li Conse*, les Consuls, officiers municipaux des villes du Midi.
N. 4. — *Cante-Perdris*, cru de Beaucaire.

N. 5. — Bugue de verre, qui fait crier *aïe!* lorsqu'elle se casse.
N. 6. — *Li braiassiè,* les Levantins, les Orientaux, à Marseille.
N. 7. — Couvertures de laine pouvant servir de manteaux.
N. 8. — Halles voûtées, arceaux des halles.
N. 9. — *Francbimands,* Français du Nord ; *Lombards,* Italiens ; *Estrelins,* Anglais ou Hanséatiques ; *Marrans,* descendants des Maures, Espagnols ; *Gitanos,* Bohémiens d'Espagne.
N. 10. — Ils restèrent trois ans auprès du roi de Torelore.
V. FAURIEL, *Histoire de la poésie provençale, Aucassin et Nicolette.*
N. 11. — Haut quartier de Beaucaire, où était autrefois l'hôtellerie des bateliers.
N. 12. — *Rouanado,* débordement du Rhône ; fête du Rhône, sur le bord du Rhône, en l'honneur du Rhône.
N. 13. — Catapultes des Provençaux.
N. 14. — La *Soulenque,* la fête du Soleil, repas qu'on paye aux ouvriers de la moisson.
N. 15. — *Génestet,* cru du territoire de Beaucaire, dont le vin est vanté dans le poème de la Croisade contre les Albigeois.
N. 16. — *Rouan,* le taureau ; nom emblématique du Rhône. *Rouanesse,* quartier de Beaucaire, dans lequel on retrouve le nom de *Rhodanusia,* ancienne colonie grecque.

CHANT ONZIÈME

Note 1. — *Aubourier,* tronçon de mât auquel on attachait les câbles de traction.
N. 2. — La *souveraine,* la plus haute marque de la sonde.
N. 3. — Le Lert, grand reptile fantastique.
N. 4. — Nom d'une porte d'Avignon, par laquelle les mariniers allaient à la « marmite », *l'oulo,* en provençal.
N. 5. — *Mau-uni,* grêlé.
N. 6. — Quartier de Lyon.
N. 7. — Nom d'un port du Rhône, près Orange.

CHANT DOUZIÈME

Note 1. — *Lustre,* éclat, lumière, au sens primitif.
N. 2. — DEO SOLI INVICTO MITRAE, inscription

qu'on lisait autrefois sur le monument mithriaque du Bourg-Saint-Andéol (Millin).

N. 3. — Petit lézard gris, *lacerta agilis*.

N. 4. — A Arles et à Lyon, comme au Bourg-Saint-Andéol, subsistent les monuments du culte de Mithra. A Arles, le corps du dieu est entouré d'un grand serpent et sur ses vêtements sont figurés aussi les signes du Zodiaque.

N. 5. — *Ensigne* (Insignes), constellations, en provençal.

N. 6. — Nom propre d'un bateau du Rhône.

N. 7. — Chenapan, scélérat, par allusion à Mandrin, célèbre chef de contrebandiers, roué à Valence, en 1755.

Table

TAULO

Cant proumié.	— Patroun Apian.	2
Cant segound.	— Lou Prince d'Aurenjo.	30
Cant tresen.	— La Desciso dóu Rose.	64
Cant quatren.	— Li Veniciano.	82
Cant cinquen.	— L'Angloro.	114
Cant sieisen.	— Lou Dra.	136
Cant seten.	— La Font de Tourno.	154
Cant vuechen.	— A l'avalido.	180
Cant nouven.	— Souto Avignoun.	214
Cant desen.	— La Fiero de Bèu-Caire.	236
Cant voungen.	— La Remounto.	268
Cant dougen.	— La Mau-parado.	306

TABLE

Chant premier.	— Patron Apian.	3
Chant deuxième.	— Le Prince d'Orange	31
Chant troisième.	— La Descente du Rhône.	65
Chant quatrième.	— Les Vénitiennes.	83
Chant cinquième.	— L'Anglore	115
Chant sixième.	— Le Drac.	137
Chant septième.	— La Fontaine de Tourne.	155
Chant huitième.	— A horizon perdu.	181
Chant neuvième.	— En aval d'Avignon.	215
Chant dixième.	— La Foire de Beaucaire.	237
Chant onzième.	— La Remonte.	269
Chant douzième.	— La Catastrophe.	307
Notes		339

Achevé d'imprimer

le vingt-sept janvier mil huit cent quatre-vingt-dix-sept

PAR

ALPHONSE LEMERRE

6, RUE DES BERGERS, 6

A PARIS

Extrait du Catalogue de la Librairie Alphonse Lemerre

POÈTES CONTEMPORAINS
Volumes in-18 jésus. — Chaque volume : 3 fr.

Jean Aicard.	Le Livre d'heures de l'Amour	1 vol.
R. de l'Angle-Beaumanoir	Soleils couchants du Rêve	1 vol.
Théodore de Banville.	Nouvelles Odes funambulesques	1 vol.
—	Idylles prussiennes	1 vol.
—	Les Princesses	1 vol.
Auguste Barbier.	Poésies posthumes	1 vol.
L'Abbé Jean Barthés.	Autour du Clocher	1 vol.
André Bellessort.	La Chanson du Sud	1 vol.
Yves Berthou.	Ames Simples	1 vol.
Émile Blémont.	La Belle Aventure	1 vol.
Marc Bonnefoy.	Les Vauclusiennes	1 vol.
Pierre de Bouchaud	Rythmes et Nombres	1 vol.
—	Les Mirages	1 vol.
Jules Brun.	Le Romancero roumain	1 vol.
Émile Chevé.	Les Gouffres	1 vol.
François Coppée.	Premières Poésies	1 vol.
—	Poèmes modernes	1 vol.
—	Les Humbles	1 vol.
—	Le Cahier rouge	1 vol.
—	Les Récits et les Élégies	1 vol.
—	Contes en vers et poésies diverses	1 vol.
—	Les Paroles sincères	1 vol.
François Dejoux.	S! François d'Assise	1 vol.
Léonce Depont.	Sérénités	1 vol.
Amélie Dewailly.	Nos Enfants	1 vol.
Léon Dierx.	Les Amants	1 vol.
Émile Dodillon.	Dehors	1 vol.
Auguste Dorchain	La Jeunesse pensive	1 vol.
—	Vers la Lumière	1 vol.
Georges Druilhet.	Au Temps des Lilas	1 vol.
Louise Ducot.	Rêves d'Exil	1 vol.
François Fabié	La Bonne Terre	1 vol.
—	Voix Rustiques	1 vol.
Maurice de Féraudy.	Heures émues	1 vol.
A. Foulon de Vaulx.	La Vie éteinte	1 vol.
Philippe Gille.	L'Herbier	1 vol.
Léonce de Joncières	L'Ame du Sphinx	1 vol.
Jean Lahor.	Les Quatrains d'Al-Ghazali	1 vol.
Eugène le Mouel.	Fleur de Blé Noir	1 vol.
André Lemoyne.	Fleurs du Soir	1 vol.
Jeanne Loiseau.	Fleurs d'Avril	1 vol.
—	Rêves et Visions	1 vol.
Paul Mariéton.	Le Livre de Mélancolie	1 vol.
Albert Mérat.	Au fil de l'eau	1 vol.
—	Poèmes de Paris	1 vol.
Lucien Paté.	Le Sol Sacré	1 vol.
Joseph de Pesquidoux	Premiers Vers	1 vol.
Paul Reboux.	Les Matinales	1 vol.
Maurice Richard.	Poésies et Poèmes	1 vol.

Paris. — Imp. A. Lemerre, 6, rue des Bergers. — 4-2756

www.ingramcontent.com/pod-product-compliance
Lightning Source LLC
Chambersburg PA
CBHW050756170426
43202CB00013B/2453